MADAME DE LAFAYETTE

LA PRINCESSE DE CLÈVES

Parcours : **Individu, morale et société**

L'œuvre et son parcours

MADAME DE LAFAYETTE
LA PRINCESSE DE CLÈVES

Parcours : **Individu, morale et société**

FRANÇAIS
Programme du BAC 1re

ellipses

Amélie Goutaudier

Retrouvez tous les titres de la collection sur
www.editions-ellipses.fr

ISBN 9782340-034747

32, rue Bargue 75740 Paris cedex 15

www.editions-ellipses.fr

« Les passions peuvent me conduire ;
mais elles ne sauraient m'aveugler. »

La princesse de Clèves au duc de Nemours

Une table des matières

Introduction

Mais pourquoi donc la princesse de Clèves a-t-elle avoué sa passion à son mari ?

Cette question, qui a animé les débats intellectuels et littéraires des salons au XVIIe, demeure encore de nos jours en suspens… La polémique suscitée par l'aveu de la princesse a non seulement participé à la renommée de l'œuvre, mais elle est la preuve vivante qu'au fondement de la littérature se trouve un questionnement perpétuel nous engageant à une lecture participative.

Notre ouvrage, s'il n'a pas la prétention de répondre de façon péremptoire à cette question, s'évertue néanmoins à trouver « *la petite monnaie* », glissée « *dans les interstices* », qu'évoque Barthes, afin d'éviter le jugement sévère de Flaubert : « *Si le lecteur ne tire pas d'un livre la morale qui doit s'y trouver, c'est que le lecteur est un imbécile ou que le livre est faux.* »

Cette monographie est structurée en trois temps. Le premier consiste à étudier de manière approfondie *La Princesse de Clèves* ; le deuxième permet de mieux appréhender ce récit en proposant des lectures complémentaires dans le cadre du parcours « Individu, morale et société ». Enfin, le dernier se consacre à la préparation des épreuves, écrites et orales, du baccalauréat.

Puissiez-vous éprouver autant de plaisir que nous à (re)découvrir ce chef-d'œuvre, refermant le livre en vous exclamant, à l'instar de la princesse de Clèves et en vous adressant non plus à Nemours mais au personnage éponyme lui-même : « *Je vous avoue que vous m'avez inspiré des sentiments qui m'étaient inconnus devant que de vous avoir vu* » !

Extrait du *Bulletin officiel* :
« Le roman et le récit du Moyen Âge au XXIe siècle

En classe de seconde, les élèves ont étudié deux œuvres narratives de formes différentes dans la période du XIXe siècle à nos jours et développé leur compréhension de ce qu'est une œuvre intégrale comme telle. En classe de première, le professeur veille à préciser et à approfondir l'étude interne de l'œuvre au programme, à en varier les modalités et à la situer dans l'histoire de la littérature et dans son contexte. Veillant à expliquer **comment le roman ou le récit exprime, selon une poétique spécifique, une vision du monde** qui varie selon les époques et les auteurs et dépend d'un **contexte littéraire, historique et culturel**, il s'attache à la fois à l'étude de la **représentation**, à l'analyse de la **narration**, au système des **personnages** et aux valeurs qu'ils portent, ainsi qu'aux **caractéristiques stylistiques** de l'écriture et à la **réception** de l'œuvre. »

Étude approfondie de l'œuvre

Mise en contexte de l'œuvre

L'auteur dans son temps : Marie-Madeleine de Lafayette (née Pioche de La Vergne, 1634-1693)

Tableau biographique

Vie et œuvre de Mme de Lafayette	« Le Grand Siècle » : Événements historiques et culturels
Une éducation soignée, littéraire et mondaine	
1634 : Naissance à Paris, le 18 mars 1634, de Marie-Madeleine Pioche de la Vergne, dans une famille de petite noblesse. Son père est écuyer du roi et sa mère au service de la nièce du Cardinal de Richelieu, Mme de Combalet.	**1628** : *L'Astrée* d'Honoré d'Urfé. **1632** : *Traité de l'Honnête femme* de Jacques Du Bosc. **1643** : Mort de Louis XIII. Régence.
1649 : Mort de son père.	**1648-1649** : La Fronde.
1650 : Sa mère se remarie avec le chevalier Renaud de Sévigné, oncle de la marquise de Sévigné. Les deux jeunes femmes deviennent intimes et fréquentent les salons de Mlle de Scudéry ou l'Hôtel de Rambouillet. Marie-Madeleine devient demoiselle d'honneur de la régente Anne d'Autriche et se retrouve au cœur des intrigues de la Cour.	

Années provinciales	
1655 : Mariage avec le comte François de Lafayette, homme veuf de 38 ans, officier en retraite. Ce mariage de raison est arrangé par la mère de la jeune fille qui a alors 21 ans. La jeune épouse suit son mari dans ses terres d'Auvergne. **1658** : Naissance de Louis. **1659** : Mort de la mère de Mme de Lafayette et naissance d'Armand, deuxième fils. Mme de Lafayette revient définitivement à Paris (son mari reste en Auvergne) et se consacre à l'éducation de ses enfants, aux relations mondaines et à la littérature.	**1654-1660** : *Clélie* de Mlle de Scudéry. **1659** : *Les Précieuses ridicules* de Molière.
Carrière littéraire et mondaine	
1659 : Portrait de Mme de Sévigné. **1661** : Elle s'installe dans son salon rue de Vaugirard. **1662** : Publication (anonyme) de *La Princesse de Montpensier* (nouvelle). **1665** : Début de l'écriture de *L'Histoire d'Henriette d'Angleterre.* **1669** : Publication de *Zaïde* (roman précieux) sous la signature de Segrais. **1671** : Début de l'écriture de *La Princesse de Clèves.* **1678** : Publication (anonyme) de *La Princesse de Clèves.* **1683** : Mort de son mari. **1689** : Rédaction des *Mémoires de la cour de France pour les années 1688 et 1689* (œuvre posthume). **1693** : Mort de Mme de Lafayette. « *avec une piété admirable* » (Racine).	**1661** : Début du règne de Louis XIV. **1663** : *L'École des femmes* de Molière. **1665** : *Les Réflexions ou sentences et maximes morales* de La Rochefoucauld. **1669** : *Britannicus* de Racine. **1670** : *Oraison funèbre de Henriette-Anne d'Angleterre* de Bossuet. **1670** : *Pensées* de Pascal. **1674** : *Art poétique*, Boileau. **1677** : *Phèdre* de Racine. **1678** : *Fables* (Livres VII à XI) de La Fontaine. **1685** : Révocation de l'édit de Nantes. **1687** : *Traité de l'Éducation des filles* de Fénelon. **1688** : *Les Caractères* de La Bruyère. **1689** : *Esther* de Racine. **1691** : *Athalie* de Racine. **1693** : *Fables* (Livre XII) de La Fontaine.

Publications posthumes	
1720 : *Histoire de madame Henriette d'Angleterre.* **1724** : *La Comtesse de Tende* (nouvelle). **1731** : *Mémoires de la cour de France pour les années 1688 et 1689.*	

• Le cadre littéraire et culturel : le Classicisme

Définition	À la différence de l'Humanisme et du Baroque, le Classicisme est un phénomène spécifiquement français, qui s'est développé dans la seconde moitié du XVIIe siècle, sous le règne de Louis XIV. Le Classicisme a comme caractéristiques **l'ordre, la simplicité, l'équilibre, la sobriété, l'harmonie, le sens de la mesure**. Les objets de la littérature classique sont l'ANALYSE et la PEINTURE de l'HOMME.
Les principes du mouvement	**Plaire et instruire** : les agréments de l'art doivent être au service du progrès moral. La Fontaine : « *Je me sers d'animaux pour instruire les hommes* » (Préface du 1er recueil des *Fables*). **L'imitation des Anciens** : ces derniers ayant donné une image juste de la nature humaine, les écrivains classiques les imitent et poursuivent l'analyse de l'esprit et du cœur de l'Homme. Les formes privilégiées sont le théâtre, la fable et le portrait, qui favorisent **l'analyse morale et psychologique**. Le respect des règles : écrivains et théoriciens élaborent tout un appareil de règles et de bienséance, qui vont dans le sens de la **discipline**, de l'**ordre** et de la **régularité**. La norme « classique » est codifiée par Boileau dans son *Art poétique* (1674) : « *Ce que l'on conçoit bien s'énonce clairement,* *Et les mots pour le dire arrivent aisément.* »

Principaux thèmes	**Une vision désenchantée de la nature humaine :** • Une société étouffante, qui multiplie intrigues, jalousies, mensonges. • La faiblesse de l'être humain, égoïste, soumis à ses passions, et mû par l'amour-propre. Pascal, La Fontaine, La Rochefoucauld dénoncent tous, avec Molière, « *ce grand aveuglement où chacun est pour soi* » (Molière, *Le Misanthrope*, 1666). **L'idéal de l'honnête homme** L'honnête homme est un idéal social et intellectuel (en contre-point) : il est sociable, cultivé, galant, spirituel, et se comporte avec simplicité et naturel (refusant toute forme de pédanterie ou de préciosité). L'honnête homme se caractérise par une élégance extérieure et morale.
Écrivains représentatifs : le siècle des Moralistes	La Rochefoucauld, *Maximes* (1664). La Fontaine, *Fables (1668-1694)*. Boileau, *Art poétique* (1674). Mme de Lafayette, *La Princesse de Clèves* (1678). La Bruyère, *Les Caractères* (1688).

L'œuvre dans la production littéraire de l'auteur : Madame de Lafayette, une femme de Lettres mondaine

Une des femmes les plus renommées de l'époque de Louis XIV

Mme de Sévigné écrira, au sujet de sa grande amie Mme de Lafayette : « *C'est une femme aimable, estimable et que vous aimez dès que vous avez le temps d'être avec elle et de faire usage de son esprit et de sa raison. Plus on la connaît, plus on s'y attache* ».

Amitiés intimes et littéraires

- Henriette d'Angleterre (fille du roi Charles 1er d'Angleterre et petite fille d'Henri IV), jeune femme passionnée, entière. Marie-Madeleine sera le témoin privilégié de l'existence romanesque et fantasque de cette jeune fille prise dans le tourbillon de la Cour (ballets, jeux, galanteries, intrigues…). Mme de Lafayette écrira la biographie de cette jeune femme dans une œuvre posthume : *Histoire de Madame Henriette d'Angleterre* (1720).

À partir de 1660, Mme de Lafayette fréquente des salons littéraires à Paris (et ouvre le sien rue de Vaugirard). Elle se lie d'amitié avec :

- **Mme de Sévigné et sa fille**
- **Gilles Ménage**, qui contribue à parfaire l'éducation littéraire de Marie-Madeleine (il écrit pour elle des poèmes dans lesquels elle apparaît sous le nom de Laverna, version latine de La Vergne).
- **Jean Segrais,** érudit, qui l'influence du côté des nouvelles.
- **Pierre-Daniel Huet**, qui rédige un traité sur l'origine des romans dans lequel il définit le roman moderne, lequel doit donner du plaisir, être moral, vraisemblable et régulier (c'est-à-dire homogène de tonalité). En outre, le roman doit inscrire l'histoire dans l'Histoire.
- **François de La Rochefoucauld**, auteur des *Maximes* (1665) (sentences sur l'Homme et les passions), qui donnent une vision pessimiste de l'Homme, ce dernier n'étant qu'amour-propre.

Ces différentes rencontres littéraires vont progressivement donner à Mme de Lafayette le goût pour l'analyse de l'inconscient humain (le labyrinthe de l'âme). Cette dernière fréquente aussi Boileau, Racine, et les moralistes du Grand Siècle, proches de la doctrine augustinienne[1]. Néanmoins, Mme de Lafayette n'a pas un regard aussi négatif que celui de la Rochefoucauld : son œuvre témoigne d'une certaine indulgence pour l'Homme. Très jeune,

1. Doctrine de saint Augustin : les hommes, corrompus par le péché originel, sont aveuglés par leur amour-propre et ne se défient jamais assez d'eux-mêmes et de leurs passions. Cette morale est omniprésente chez Pascal (dont Mme de Lafayette admirait *Les Pensées*), La Rochefoucauld ou Racine.

elle a appris le danger des passions et la nécessité de lutter contre leur force potentiellement destructrice. La Raison devient dans cette perspective une protection nécessaire, un rempart contre la folie des passions. Son œuvre est empreinte de cette morale, énoncée néanmoins de manière moins abrupte et sévère que celle d'un moraliste, Mme de Lafayette restant une romancière.

Mme de Lafayette s'est ainsi entourée de conseillers littéraires qui pouvaient lui donner leurs opinions (comme dans un atelier d'écriture) : très vite, tous saluent ses qualités littéraires et humaines (elle se montre patiente, bienveillante, délicate). Tous participent à l'élaboration de son œuvre[1] : Ménage aide à la composition de *La Princesse de Montpensier*[2] (1662) ; Segrais et Huet prêtent leurs mains à *Zaïde* (1669-1671) ; Segrais et La Rochefoucauld participent à l'écriture de *La Princesse de Clèves.* Ce travail collectif est exaltant et suscite de nombreux échanges littéraires, voire des débats sur le choix d'un mot ou sur les motivations des personnages. Ces ateliers d'écriture sont mis en abyme dans le roman au programme, Mme de Lafayette décrivant la fièvre créatrice de la princesse et du duc lorsque ce dernier aide la princesse à écrire de mémoire la lettre qu'elle doit rendre à la Dauphine mais qu'elle n'a plus.

Le problème de l'anonymat

Plusieurs hypothèses expliquent le choix de l'anonymat.

Il s'agirait d'abord d'un **choix éditorial** : Mme de Lafayette n'a signé aucun de ses textes (sauf le *Portrait de Mme de Sévigné* en 1659, signé mais accompagné de : « *par Mme de Lafayette mais sous le nom d'un inconnu* ») :

- 1662 : *La Princesse de Montpensier,* dont l'anonymat est revendiqué dans l'avis du « libraire au lecteur ».
- 1669 : *Zaïde* publié sous la signature de Segrais.
- 1678 : *La Princesse de Clèves* dont l'anonymat perdure jusqu'en 1680.

1. Le travail collectif est une pratique courante au XVIIe.
2. Mme de Lafayette se plaît d'ailleurs à appeler sa nouvelle « *Notre princesse* ».

Mais ce pourrait être aussi un **choix éthique** : être écrivain, c'est vendre des livres. Or, pour un aristocrate, faire du commerce est très mal vu.

L'anonymat autorise aussi l'autonomie de l'œuvre, étant donné que la réputation de l'auteur précède souvent la réputation de l'œuvre, et influence par conséquent la lecture, entraîne un préjugé de lecture.

Ce désir d'autonomie est explicité dans l'avis du « libraire au lecteur » dans *La Princesse de Clèves* : « *L'auteur n'a pu se résoudre à se déclarer ; il a craint que son nom ne diminuât le succès de son livre.* […] *Il demeure donc dans l'obscurité où il est, pour laisser les jugements plus libres et plus équitables* […] »

L'anonymat garantit dès lors la liberté de jugement du lecteur.

Enfin, Madame de Lafayette manifesterait par cette volonté d'anonymat **une certaine prudence** : *La Princesse de Clèves* fait la peinture de la Cour du siècle passé, derrière laquelle se laisse néanmoins saisir l'atmosphère de la Cour de Louis XIV. Le roman fait discrètement une critique sociale, ce qui suppose un certain danger…

Quoiqu'il en soit, le choix de l'anonymat respecte **l'usage de l'époque** : un tiers des ouvrages n'étaient pas signés. La Rochefoucauld n'a pas signé ses *Réflexions morales* ; la marquise de Sévigné n'avait pas envisagé que ses lettres seraient publiées ; Mlle de Scudéry a signé son roman *Clélie* sous le nom de son frère.

Un titre programmatique de lecture

Le premier titre envisagé est *Le Prince de Clèves*, ce qui donne une importance toute particulière à ce personnage, dont la passion est désintéressée mais totale, violente mais respectueuse de l'autre. M. de Clèves est un **homme blessé par la trahison et dévoré par la jalousie.** Mme de Lafayette lui donne beaucoup d'importance car c'est « *l'unique homme au monde capable de conserver de l'amour dans le mariage* ».

Puis Mme de Lafayette donne un titre avec un personnage féminin (comme dans toutes ses œuvres) : il s'agit du nom de la femme mariée. Or le drame est précisément lié à ce mariage : **Mlle de Chartres, en devenant Mme de Clèves, est prisonnière du nom de son mari.**

Réception et postérité de l'œuvre

Publication et réception

La Princesse de Clèves parut chez l'éditeur parisien Claude Barbin en 1678 et obtint un **succès immédiat et considérable** – le plus grand succès de librairie de la fin du XVIIe. Non seulement le roman circula dans les salons littéraires, mais il **provoqua de fameux débats littéraires** qui passionnèrent l'opinion, polémiques au sujet du caractère vraisemblable du récit, de la gratuité de certains épisodes, du défaut de structure ou de fidélité au réel historique[1]. On reprocha aussi à l'auteur de ne pas avoir totalement renié l'héritage du roman précieux[2]. Mais le plus grand débat littéraire à propos de ce roman concerna la scène de l'aveu : la princesse avait-elle raison d'avouer son inclination à son mari ? La majorité des lecteurs condamna cet aveu, le jugeant « extravagant » et relevant de l'artifice.

Malgré ces polémiques, qui participèrent à la renommée du roman, le regard lucide mais bienveillant de l'auteur sur les passions et leurs ravages saisit la critique, et ce roman d'analyse ouvrit la voie au roman moderne.

---

1. *« Il n'y a rien de véritable, dans tout l'ouvrage, que quelques endroits de l'histoire de France, qui, à mon sens, devraient n'y être point. [...] Enfin tout y est faux; et de la Cour d'un Roi de France, l'on est tout d'un coup jeté dans le Royaume des Amadis, parmi des gens inconnus et des aventures peu vraisemblables. » Lettres à Mme la Marquise *** sur le sujet de* La Princesse de Clèves, *écrites par Valincour* (publication anonyme).
2. Tel Bussy-Rabutin dans sa *Lettre à Mme de Sévigné* datée du 29 juin 1678.

Citations de critiques du XXe siècle

« Mme de Lafayette décrit les sentiments réels de ses personnages non comme enfouis au fond de quelque sombre oubliette de l'esprit, mais comme activement et sans cesse dissimulés à la conscience par elle-même, ***dans le jeu de cache-cache de la mauvaise foi*** *[...]. Cette complaisance secrète n'est ni consciente ni inconsciente, on s'en fait le complice sans qu'elle soit pleinement connue, elle baigne dans la brume mentale que l'on entretient soigneusement autour de ses pensées pour les dérober à soi-même. »*

Serge Doubrovski, « Une interprétation existentielle de *La Princesse de Clèves* » (1959)

« Pour la première fois dans l'histoire du genre romanesque, ***la peinture du cœur est le principal objet d'un roman*** *; les faits lui sont subordonnés, l'analyse qui s'insérait dans les moments successifs du récit est devenue le récit lui-même [...]. Madame de Lafayette* **a supprimé la division** [...] ***entre l'action et la psychologie. »***

Le récit relate « *les rapports entre une conscience individuelle et l'existence où elle est jetée au milieu des autres.* »

Henri Coulet, *Le Roman jusqu'à la Révolution* (1967)

« L'imagination humaine et romanesque peut passer du régime diurne, caractérisé par l'exploit héroïque, au régime nocturne des symboles de l'intimité. [...] Là se réalise ***la conversion du héros diurne, astre d'une société où il brille par ses actions, en héros nocturne, solitaire, méditant sur sa condition d'amoureux.*** *Le paysage change, les réseaux d'image s'organisent autour des symboles de l'isolement, de la nuit, de la retraite. »*

« Elle accomplit [...] ***une longue descente romanesque vers les abîmes de l'amour,*** *vers un monde imaginaire peuplé de ses soliloques. »*

Martine Torrens, « Mythocritique de *La Princesse de Clèves* » (1986)

✱ Prolongement artistique : les réécritures cinématographiques

Premier roman de notre littérature moderne, *La Princesse de Clèves* fut l'objet de réécritures cinématographiques parmi lesquelles celle de Jean Delannoy en 1961 qui conserva le titre original. Manifestant un goût pour le spectaculaire, notamment dans la mise en scène des joutes et des ballets, cette adaptation dont le scénario et les dialogues sont écrits par Cocteau est révélatrice d'un certain académisme.

L'adaptation de Manoel de Oliveira, *La Lettre* (1999), transpose l'intrigue de nos jours, Nemours devenant un chanteur de rock portugais. Les scènes clefs du roman, telles le vol du portrait ou l'aveu au mari sont reprises mais sans la rhétorique du Grand Siècle.

La version d'Andrzej Zulawski, *La Fidélité* (2000), reprend les thèmes du roman (la passion amoureuse, la fidélité) et accentue la laideur d'une Cour dans laquelle les médias et la presse à scandale jouent un rôle aussi important que néfaste.

Plus récemment, Christophe Honoré transpose à nouveau le roman de Mme de Lafayette à l'époque contemporaine. L'intrigue de *La Belle personne* (2008) s'inscrit dans le cadre d'un lycée parisien huppé, au sein duquel une lycéenne, Junie, en couple avec Otto, s'éprend de Nemours, son professeur d'italien.

Les enjeux de l'œuvre

La structure / la composition de l'œuvre

Tome I

Focalisation progressive sur l'héroïne

Après la galerie des portraits historiques, le narrateur présente dans des portraits hyperboliques M. de Clèves, puis le Vidame de Chartres et le duc de Nemours, homme du monde, modèle accompli de l'homme de Cour, « *chef-d'œuvre de la nature* », « *le mieux fait et le plus beau* », et d'« *une valeur incomparable* ». De façon presque juxtaposée intervient le portrait de l'héroïne éponyme. Discrètement, l'Histoire laisse ainsi place à l'histoire, ancrant cette dernière dans un contexte spatio-temporel bien précis.

Le portrait physique de Mademoiselle de Chartres est très vague : cette dernière devient un idéal de Beauté, véritable allégorie, que l'on n'a donc pas besoin de décrire. C'est une beauté idéalisée, « *parfaite* », qui sort de l'ordinaire : mais cette beauté est funeste en ce qu'elle représente pour elle, sur le théâtre de la Cour, à la fois un atout et un piège redoutable. La jeune fille de quinze ans devient une force centripète : « *Il parut alors une beauté à la Cour, qui attira les yeux de tout le monde* » : l'héroïne est un objet de spectacle pour toute la Cour, monde dans lequel l'importance de l'apparence est primordiale. Malgré l'admiration qu'elle suscite, la jeune fille est vulnérable : orpheline de père, elle méconnaît l'univers masculin. D'autre part, sa mise à l'écart géographique dans sa jeunesse et son éloignement total de la Cour font que cet univers ne lui est connu que par le prisme du regard de sa mère. D'ailleurs, son portrait est rapidement évincé par celui, hyperbolique, de sa mère, laquelle est décrite tel un pédagogue dont la singularité et le caractère exceptionnel sont soulignés *(« La plupart des mères s'imaginent » / « Madame de Chartres avait une opinion opposée »).* Il s'agit d'une **éducation intransigeante mais** complète, dont le maître mot est « *la vertu* », liée à l'honnêteté, à la « *tranquillité* » et à « *l'éclat* ». Cette éducation d'ordre éthique dispense une leçon sur la passion et ses dangers ; par contraste, la vertu est présentée comme la condition *sine qua non* au bonheur. La jeune fille non seulement apprend à se méfier des hommes et de la passion amoureuse, mais aussi, dans une perspective augustinienne, à avoir envers elle-même « *une extrême défiance* » (ce qui annonce à la fois sa grande lucidité, mais aussi son sentiment constant de culpabilité). **Ce portrait annonce dès lors, discrètement, le destin de l'héroïne, jeune fille prisonnière de son statut social et de sa beauté qui provoquent les désirs.** D'emblée, la Cour est implicitement présentée comme un lieu dangereux, dans lequel la jeune fille est soumise aux regards des prédateurs (ce qui expliquera les fuites répétées à Coulommiers). Enfin, l'antagonisme entre la Passion (et l'inconstance des hommes) et l'Amour (et la fidélité du mari) semble figé, et contient en germe le renoncement final de la princesse.

Peut-on alors considérer Madame de Chartres comme le double de l'auteur ? Comme l'a fait Mme de Chartres à sa fille, Mme de Lafayette, elle aussi va « montrer » à son lecteur, va lui « conter » les désordres de la passion, à travers l'histoire de la princesse mais aussi à travers tous les récits enchâssés. Cependant Mme de Lafayette s'éloigne de Mme de Chartres dans le sens où elle n'étouffe pas son lecteur mais le laisse libre de réfléchir sur les désordres de la passion qu'elle expose.

Deux coups de foudre : un destin funeste en marche

Deux scènes de coup de foudre se succèdent ensuite, séparées néanmoins par le mariage de Mademoiselle de Chartres.

La première, relevant du roman précieux, est une scène romanesque : c'est chez un joaillier italien que le prince de Clèves s'éprend de la jeune fille, dès le lendemain de l'arrivée de cette dernière à la Cour : « *Il fut tellement surpris de sa beauté qu'il ne put cacher sa surprise, et Mademoiselle de Chartres ne put s'empêcher de rougir en voyant l'étonnement qu'elle lui avait donné.* » Si le jeune prince désire ardemment épouser la jeune fille, il craint le refus de Madame de Chartres, la jalousie de son rival, le chevalier de Guise, et se heurte à l'opposition de son père, le duc de Nevers, lequel meurt peu après, rendant l'union envisageable. Le prince obtient alors la main de la princesse, mais souffre de ce que sa fiancée ne partage pas ses sentiments, comme elle l'avoue elle-même à sa mère : « *Mademoiselle de Chartres répondit qu'elle lui remarquait les mêmes bonnes qualités, qu'elle l'épouserait, même avec moins de répugnance qu'un autre, mais qu'elle n'avait aucune inclination particulière pour sa personne.* » Peu de temps après la célébration du mariage, le duc de Nemours, sur le point d'épouser la reine Élisabeth d'Angleterre, revient à Paris.

La deuxième scène de rencontre fait donc pendant à la première, avec une progression dramatique puisque cette fois-ci, le coup de foudre est réciproque : néanmoins, la jeune fille est désormais mariée. C'est à l'occasion du bal donné pour célébrer les fiançailles du duc de Lorraine et de Claude de France, seconde fille du roi, que la princesse rencontre le duc de Nemours. Le narrateur met en valeur la scène, lui donnant une résonance singulière : le duc de Nemours entre en scène, rompant l'harmonie du bal qui avait déjà commencé, et se faisant « remarquer » : **ce désordre est déjà un présage du désordre qui aura lieu dans le cœur de la princesse.** Le choix du cadre de la rencontre, un bal, est significatif : lieu de séduction, autorisant un contact physique, le bal devient aussi un spectacle dans lequel rien n'échappe au public puisque **chacun est soumis au regard de l'autre**. Les deux protagonistes hors du commun provoquent l'admiration commune et unanime et semblent d'autant plus prédestinés que le mari paraît absent et que leur union semble être autorisée par le roi et la reine, véritables entremetteurs favorisant la rencontre. Mais cette rencontre est fatale : la princesse, « *embarrassée* », est troublée et tente un mensonge, faisant mine de ne pas deviner l'identité du duc et révélant ainsi indirectement son intérêt naissant. Cette rencontre est donc marquée par le **jeu entre vérité et mensonge, sincérité et dissimulation** : cette passion apparaît comme fatale, impossible à contrôler par les personnages.

Premier récit enchâssé : la duchesse de Valentinois (Diane de Poitiers) vue par Madame de Chartres

Ce récit enchâssé constitue une sorte de parenthèse à caractère historique, assurant le caractère vraisemblable de l'intrigue. Mais à travers ce récit de vie, Madame de Chartres fait une leçon à sa fille, sur la jalousie (terme qui revient en leitmotiv) et les passions, en même temps qu'elle peint la Cour comme un vaste théâtre d'intrigues et de rivalités.

Le progrès de la passion

En dépit des efforts de la princesse pour rester maîtresse d'elle-même, les soupçons de Madame de Chartres se confirment à l'occasion du bal du maréchal de Saint-André, lequel invite le roi pour lui faire voir sa « *magnificence* ». La princesse, ayant appris par le prince de Condé que le duc de Nemours ne se rendrait pas au bal parce que « c*'est une chose fâcheuse pour un amant, que d'y voir la personne qu'il aime* », refuse de s'y rendre à son tour, sous prétexte d'être embarrassée par les soins du maréchal de Saint-André. Néanmoins, le lendemain, Madame de Chartres devine, à cause de la « *rougeur* » de sa fille, les vraies raisons du refus de cette dernière, et s'attache à faire un portrait dépréciatif du duc qu'elle dépeint comme un libertin : « *elle lui en dit du bien et y mêla beaucoup de louanges empoisonnées sur la sagesse qu'il avait d'être incapable de devenir amoureux et sur ce qu'il ne se faisait qu'un plaisir et non pas un attachement sérieux du commerce des femmes.* » Elle lui dévoile alors la passion de Nemours pour la Dauphine. C'est à cette occasion que la princesse, jalouse, semble prendre véritablement conscience de sa passion et, pleine de remords, s'apprête à tout révéler à sa mère. Mais **ce premier aveu est avorté,** Madame de Chartres étant malade. Rapidement, le mal de la mère empire, et, à l'heure de mourir, elle avoue à sa fille qu'elle connaît ses sentiments pour Nemours et lui dicte ses dernières volontés, insistant sur les dangers de la passion et lui recommandant de s'éloigner de la Cour. Le dernier discours qu'elle tient à sa fille est celui d'un directeur de conscience : la mère meurt, mais en laissant à sa fille un substitut de sa présence : sa parole, maintenant dès lors la jeune femme dans le statut de l'*infans*[1]. Le prince de Clèves décide d'emmener sa femme « *à la campagne, pour l'éloigner d'un lieu qui ne faisait qu'aigrir sa douleur* ».

La fin du premier tome est marquée par deux morts : celle de Madame de Chartres (dans la sphère privée) et celle de Madame de Tournon (dans la sphère publique). L'opposition entre les deux femmes, au-delà de la différence d'âge, est renforcée par le fait que **la première est le symbole d'une morale stricte,** tandis que **la seconde est le symbole du masque et de la duplicité**.

Tome II

Deuxième récit enchâssé : Madame de Tournon vue par Monsieur de Clèves

Dans ce deuxième récit de vie, Madame de Clèves apprend non seulement qu'un secret est vite éventé à la Cour, en témoigne la confidence faite par M. de Clèves à son ami Sancerre, rapidement divulguée, mais elle découvre encore l'hypocrisie et la duplicité de Mme de Tournon, qui fait semblant d'être affligée suite à la mort de son mari, mais entretient un commerce avec Sancerre et avec Estouteville, leur promettant à tous deux le mariage (schéma digne d'une comédie si la fin n'en était pas si tragique, cette duplicité se soldant par la mort de l'hypocrite et la violente affliction des amants dupés). Il s'agit donc d'une leçon sur « *l'adresse et la dissimulation* ».

Les paroles de Sancerre caractérisant le mal qui le touche – « *J'éprouve à la fois la douleur de la mort* [de Mme de Tournon] *et celle de l'infidélité : ce sont deux maux que l'on a souvent comparés, mais qui n'ont jamais été sentis en même temps par la même personne* […] *; ce mal est le plus grand de tous les maux.* » – sont funestes en ce qu'elles associent déjà **les thématiques de la mort et de l'infidélité,** mal qu'éprouvera à son tour M. de Clèves de façon

1. « enfant » vient du latin *infans* : « qui ne parle pas ».

paroxystique puisqu'il en mourra. Mais pour l'heure, le prince ne se doute de rien, et émet même une hypothèse qui fait sourire le lecteur connaissant la violence de la réaction du mari à l'issue de l'aveu de son épouse : « *Je crois que, si ma maîtresse, et même ma femme, m'avouait que quelqu'un lui plût, j'en serais affligé sans en être aigri.* ***Je quitterais le personnage d'amant ou de mari, pour la conseiller ou la plaindre.*** »

Retour à Paris

La princesse se consent à retourner à Paris, pensant que, suite à l'ultime leçon de sa mère, ses sentiments pour M. de Nemours « *étaient entièrement effacés* ». Néanmoins, le « trouble » de la princesse, apprenant par la Dauphine que Nemours a renoncé à son mariage avec la reine Elisabeth d'Angleterre car, selon tous, il en aime une autre, trahit la pérennité de ses sentiments. La laissant sans répit, le duc de Nemours, héros galant, fait une cour discrète, mais pressante, à la princesse.

Nemours profite d'une visite de condoléances pour avouer à demi-mots sa passion, usant d'un discours double : « *Les grandes afflictions et les passions violentes* [...] *font de grands changements dans l'esprit* ». Ces paroles troublent la princesse, dont l'indécision quant à l'attitude à adopter est mise en exergue par une succession d'antithèses : « *Elle croyait devoir parler et croyait ne devoir rien dire. Le discours de Monsieur de Nemours lui plaisait et l'offensait quasi également* ». La princesse se résout alors à fuir les lieux dans lesquels il se trouve. Son mari lui reprochant sa vie retirée, « *elle fut prête à lui dire que le bruit était dans le monde, que Monsieur de Nemours était amoureux d'elle, mais elle n'eut pas la force de le nommer* ». **Autre aveu avorté...**

Troisième récit enchâssé : Anne de Boulen (mère de la reine Elisabeth) vue par Madame la Dauphine

Par le biais de l'Histoire d'Angleterre, la Dauphine met en lumière **les ravages de la jalousie, qui ne mènent qu'à la mort**, et l'inconstance de l'Homme en la personne du roi Henri VIII, ce qui constitue un reflet plus ou moins direct de l'histoire principale.

Le portrait dérobé

Nemours, héros galant, parvient à dérober chez la reine dauphine un portrait de la princesse, appartenant à M. de Clèves. Ce vol, au-delà de l'atmosphère des salons précieux dans lequel il prend place, **suggère déjà la *libido dominandi*, ce désir de possession, qui anime le duc**. Le geste de Nemours met la princesse dans une situation délicate et embarrassante, ce qui permet au narrateur de faire une analyse psychologique fine et riche de cette dernière, qui s'étant aperçue du vol, se demande quelle attitude adopter, mais finit par se taire.

M. de Clèves, regrettant cette perte, fait preuve d'ironie involontaire, disant à sa femme « *qu'elle avait sans doute quelque amant caché à qui elle avait donné ce portrait ou qui l'avait dérobé* ». Cette réflexion plonge la princesse dans l'embarras et la pousse à avouer son inclination à son mari ; une fois encore, **l'aveu reste avorté**.

Le quiproquo autour de la lettre perdue

Cette intrigue secondaire vient confirmer à la princesse que sa passion ne s'est pas éteinte. Lors du jeu de Paume, Chastelart ramasse une lettre de galanterie qu'il dit être tombée de la poche de Nemours, et la donne à la reine dauphine, laquelle demande à la princesse de la lire. Cette lettre, insérée dans le récit, suscite la jalousie de la princesse. Or le lecteur est rapidement averti du quiproquo : le propriétaire de la lettre n'est autre que le Vidame de Chartres, lequel se confie à Nemours.

Quatrième récit enchâssé : le Vidame de Chartres par lui-même (à M de Nemours)

Ce quatrième récit enchâssé explicite une **histoire d'hypocrisie et de duplicité**, le Vidame de Chartres multipliant les galanteries (Madame de Thémines, Madame de Martigues) mais craignant par-dessus tout la colère de la reine à qui il a certifié n'avoir aucun commerce amoureux. Ce récit enchâssé se poursuit au début du tome III.

❋ Tome III

Fin du quatrième récit enchâssé

Le Vidame de Chartres énonce au duc de Nemours les conséquences désastreuses qu'aurait la lettre de Madame de Thémines si la reine la lisait. Il implore l'aide de son ami, qui lui reproche son inconstance mais se résout à récupérer la lettre par le biais de la princesse de Clèves.

L'atelier de réécriture de la lettre

Alors que la princesse, jalouse car aveuglée par le quiproquo, refuse de recevoir le duc, c'est **M. de Clèves, adjuvant involontaire**, qui introduit l'amant auprès de son épouse. L'« *air assez sec* » et « *l'aigreur* » de la jeune femme trahissent les sentiments qu'elle éprouve, ce qui rend le duc passablement heureux. La princesse remet la fameuse lettre au duc, lequel la rend au Vidame, lequel la renvoie à Madame d'Amboise, l'amie de Madame de Thémines. L'ordre paraît être rétabli, mais la Dauphine demande expressément à la princesse de lui remettre la lettre, la reine voulant la lire. La princesse fait alors venir Nemours : tous deux recomposent cette lettre, partageant un moment d'intimité d'une intense gaieté.

L'introspection

Une fois seule, la princesse quitte l'état d'émotion pour revenir à l'état de raison : l'introspection de l'héroïne révèle le déchirement intérieur de la princesse. Cette introspection, qui est à rapprocher du monologue tragique, est marquée par trois étapes : le retour sur soi, l'expression du dilemme (avec la rencontre de la passion interdite et de la lucidité) et la résolution (la fuite à Coulommiers, voire l'aveu au mari). **Cette introspection dévoile la triple honte de la jeune femme**, par rapport à elle-même (elle n'est pas capable de réagir face à sa passion : « *je fais aujourd'hui tout le contraire de ce que je résolus hier* ») ; par rapport à son mari (elle a la conscience d'abuser de sa confiance : « *elle trompait le mari du monde qui méritait le moins d'être trompé* ») ; par rapport au duc (« *elle était honteuse de paraître si peu digne d'estime aux yeux mêmes de son amant* » puisqu'elle s'est montrée si peu maîtresse d'elle-même).

Cette introspection expose une certaine vision du monde, dans lequel **la passion apparaît comme une force invincible** («*Je suis vaincue et surmontée par une inclination qui m'entraîne malgré moi*»), qui défie la volonté et elle est associée à l'inquiétude, la souffrance, la trahison, la honte. Cette introspection contient en germe les deux décisions de la princesse : l'aveu à son mari et le renoncement final.

La scène d'aveu

Capitale, la scène d'aveu, longtemps retardée, est devenue inévitable, M. de Clèves pressant son épouse de revenir à la Cour. Elle se passe donc à Coulommiers, dans un pavillon, *a priori* à l'abri des regards, mais Nemours, revenant de la chasse (métaphore de sa poursuite amoureuse ?) et s'étant égaré (métaphore de l'égarement moral ?) assiste, caché, à cet entretien confidentiel. **Le courage de la princesse en fait une héroïne cornélienne** : si elle ne peut maîtriser sa passion, elle reste néanmoins maîtresse de sa conduite.

Mais les conséquences de cet aveu sont désastreuses pour M. de Clèves, pour qui l'aveu reste incomplet, étant donné que la princesse a préféré taire le nom de Nemours : son cœur est «*pénétré d'une douleur mortelle*» et il use d'un stratagème pour découvrir le nom caché, annonçant à sa femme que c'est M. de Nemours qui accompagnera les époux en Espagne pour conduire Madame ; le trouble de la princesse confirme ses soupçons.

En parallèle, Nemours ne peut s'empêcher de raconter la scène d'aveu (sans donner de noms) au vidame de Chartres, qui à son tour la rapporte à Madame de Martigues, laquelle s'empresse de la répéter à la Dauphine, qui elle-même la narre à la princesse : une fois de plus se laisse entendre le cynisme de Mme de Lafayette concernant **l'impossibilité de garder un secret à la Cour.** Il est question alors d'un nouveau *quiproquo,* la princesse reprochant à son mari d'avoir lui-même divulgué l'aveu, ce qui contribue à éloigner encore les époux.

Le tournoi et la mort du roi

Comme le veut la tradition galante (héritée des récits courtois), Nemours porte les couleurs de sa dame lors du tournoi donné à l'occasion du mariage de Madame (Marguerite de France, sœur d'Henri II) : « *Monsieur de Nemours avait du jaune et du noir* [...]. *Madame de Clèves* [...] *se souvint d'avoir dit devant lui qu'elle aimait le jaune* ». Ces deux couleurs antithétiques marquent l'ambivalence de la passion interdite, la faisant osciller à la fois du côté de la vie (avec la lumière solaire) et de la mort.

Ce tournoi s'achève de façon funeste avec la mort du roi Henri II, blessé à l'œil, colorant dès lors le récit d'une teinte funèbre.

Tome IV

Les reproches de Monsieur de Clèves

Malgré la volonté de la princesse de ne point recevoir le duc de Nemours, malgré son désir de fuir le lieu de la tentation et de « *s'en all*[er] *à Coulommiers prendre l'air et songer à sa santé* », malgré sa « *résolution d'éviter la chose du monde qu'elle souhaitait peut-être le plus* », le prince ne cesse de reprocher à sa femme de multiplier ainsi les témoignages de ses sentiments envers le duc de Nemours, nom que tait encore la princesse. Il se plaint d'être « *le plus malheureux de tous les hommes* » et fait preuve d'une **obsession maladive qui l'altère et le détruit peu à peu** : « *Je vous adore, je vous aime, je vous offense, je vous demande pardon, je vous admire, j'ai honte de vous admirer. Enfin il n'y a plus en moi ni de calme, ni de raison.* »

La scène du pavillon

La princesse s'en va alors, seule, à Coulommiers, où la rejoint Madame de Martigues. Dans ce lieu se trouve un pavillon dans lequel se situe le cabinet de la princesse, **« ouvert sur le jardin »,** lui-même entouré de palissades dont la dimension métaphorique semble suggérer la frontière entre le monde des vanités de la Cour et le monde de la solitude. Ce « *plus beau lieu du monde* » devient un espace de liberté dans lequel s'épanouit la princesse qui aime à « *s'y promener seule une partie de la nuit.* » La princesse s'y réfugie et espère y trouver la paix.

Néanmoins, ce lieu est à nouveau assailli par l'extérieur (comme lors de la scène d'aveu), **le duc de Nemours opérant une transgression spatiale (et morale)** en s'invitant à franchir les palissades pour contempler sa bien-aimée. Toutefois, il ne sait pas qu'il est lui-même épié par un gentilhomme du prince. Nemours devient le témoin d'une **scène voluptueuse**, la princesse, rêveuse, avouant de façon tacite sa passion en contemplant des objets, substituts de Nemours : le tableau de Metz sur lequel il est représenté, la canne des Indes qui lui avait appartenu, ou les rubans « *des mêmes couleurs qu'il avait portées au tournoi* », soit de couleur jaune et noir.

Les conséquences de cette scène sont désastreuses pour M. de Clèves qui croit, faussement, à cause du rapport du gentilhomme, que sa femme lui a été infidèle : « *Il est vrai que Monsieur de Nemours a entré deux nuits de suite dans le jardin de la forêt, et qu'il a été le jour d'après à Coulommiers avec Madame de Mercœur.* »

Les derniers moments du prince de Clèves

Cette cruelle méprise achève le prince, dont la progression du mal est soulignée dans une gradation (« *accablement* » ; « *fièvre* » ; « *maladie* [...] *très dangereuse* » ; « *il était encore plus mal* » ; « *l'extrémité du mal* »). Il accable sa femme, accourue à son chevet, de reproches injustes, déplorant la scène d'aveu. Profondément amoureux de sa femme, il l'accuse d'être la responsable de sa mort – « *je meurs du cruel déplaisir que vous m'avez donné* [...], *mais sachez que vous me rendez la mort agréable, et qu'après m'avoir ôté l'estime et la tendresse que j'avais pour vous, la vie me ferait horreur* » – et craint qu'elle n'épouse après sa mort Nemours.

La princesse parvient à démentir les faits, mais ces éclaircissements arrivent « trop tard », et le prince meurt, laissant l'héroïne dans une douleur et un abattement indicibles : en corollaire, « *l'horreur qu'elle eut pour elle-même et pour Monsieur de Nemours ne se peut représenter* ».

Le refus de Madame de Clèves

Plusieurs mois étant passés, le duc de Nemours sollicite l'aide du vidame de Chartres qui invite la princesse puis la laisse seule avec le duc. C'est ainsi, au terme du roman, que la princesse et le duc se déclarent librement leur inclination. Mais si la princesse éprouve un plaisir extrême à lui avouer la sienne, elle le prévient aussitôt que « *cet aveu n'aura point de suite* », la bienséance ne l'autorisant pas à épouser celui qui a provoqué son veuvage. De plus, elle craint le caractère éphémère de la passion de Nemours (se souvenant des leçons de sa mère), pensant que « *Monsieur de Clèves était peut-être l'unique homme du monde capable de conserver de l'amour dans le mariage* ». Monsieur de Nemours, accablé par ce renoncement, admire néanmoins « *la vertu, l'esprit et le mérite de Madame de Clèves* », et souhaite, avec l'aide du vidame de Chartres, infléchir sa décision.

Le renoncement définitif

Mais cette décision est irrévocable, la princesse sacrifiant sa passion au profit du devoir. Une maladie, mettant en péril ses jours, la fait longuement méditer sur « *les choses de la vie* » et la vanité du monde. Ayant renoncé à la passion, elle renonce désormais au monde : **l'allégorie initiale de la Beauté devient l'allégorie finale de la Vertu.** La passion s'éteint, laissant place à la vertu, lui permettant d'exister enfin. La fin du roman est édifiante, la vertu chrétienne étant célébrée comme étant la plus grande des valeurs : « *Elle passait une partie de l'année dans cette maison religieuse et l'autre chez elle, mais dans une retraite et dans des occupations plus saintes que celles des couvents les plus austères, et sa vie, qui fut assez courte, laissa des exemples de vertu inimitables* ».

Les thématiques essentielles, les enjeux de la pensée

L'histoire dans l'Histoire[1]

Aidée de son ami Ménage, Mme de Lafayette a sans doute consulté des ouvrages historiques pour écrire son récit (*Histoire des guerres civiles* de Davila (1644), *Histoire de France* de Mézeray (1643)).

Place et rôle de l'Histoire

- L'Histoire comme toile de fond : une année d'Histoire de France

Le récit est globalement chronologique, la linéarité étant scandée par les évènements historiques et les déplacements des personnages. Si cette chronologie est visible, elle reste néanmoins discrète.

La fiction dans *La Princesse de Clèves* est datée : elle se déroule sur une année, qui englobe les derniers mois du règne d'Henri II (novembre 1558) et le début du règne de François II (novembre 1559). Le récit débute par les pourparlers de paix avec l'Espagne et s'ouvre sur une galerie de portraits historiques, parmi lesquels ceux de la duchesse de Valentinois, la reine Catherine de Médicis, la reine dauphine, le dauphin, le roi Henri II, les princes du sang… Il s'agit donc d'une **fiction ancrée dans un contexte historique précis**. D'ailleurs Mme de Lafayette n'a inventé que deux personnages : Mme de Chartres et la princesse de Clèves. Tous les autres ont existé : par exemple, le prince de Clèves est le fils de François de Clèves et de Marguerite de Bourbon, qui épouse la petite fille de Mme de Valentinois et meurt à vingt ans.

1. Des quatre œuvres romanesques de Mme de Lafayette, trois prennent pour cadre la seconde moitié du XVIe : *La Princesse de Clèves* (fin du règne d'Henri II, qui meurt en 1559), *La Comtesse de Tende* (début du règne de Charles IX), *La Princesse de Montpensier* (de la minorité de Charles IX à la Saint-Barthélemy).

D'autre part, la chronologie du règne d'Henri II est respectée, avec les négociations de Paix, le mariage de Claude de France, la signature du traité de Paix (France-Espagne) en avril 1559, la mort du roi en juillet 1559 et le sacre de François II. Le contexte historique est donc omniprésent même si le récit reste économe : Mme de Lafayette est **une romancière, non une historiographe** : il ne s'agit pas d'écrire une historiographie ; par conséquent l'Histoire est subordonnée à l'histoire. L'Histoire de France sert de toile de fond : les rappels historiques semblent avoir surtout le rôle de **rythmer l'intrigue et de la rendre vraisemblable.**

Les Valois dans *La Princesse de Clèves*

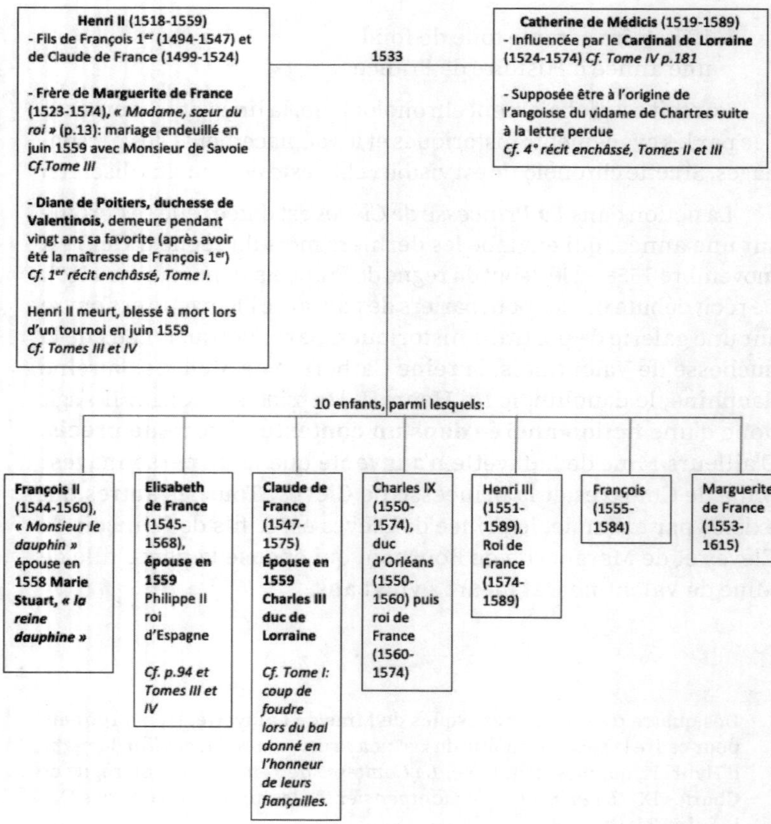

• L'Histoire dramatise l'histoire

L'Histoire est donc le décor et ne constitue nullement le drame. En revanche, elle dramatise l'histoire, **intensifiant le drame existentiel des personnages**, démasquant leur nature morale profonde.

L'Histoire permet à l'histoire de l'anoblir, de lui donner de l'ampleur, une résonance. Le récit joue sur l'alternance entre l'Histoire de France et la vie privée et personnelle des personnages. Ainsi, si le roman commence par des négociations de Paix, ce début n'est qu'un trompe-l'œil, cette annonce de paix installant le décor d'une véritable tragédie. Plus tard, il est question du mariage de Claude de France, au moment duquel Nemours rentre en France et rencontre la jeune princesse : il s'agit d'une rencontre transgressive, contraire aux lois du mariage. En avril 1559 est signée la Paix ; or, dans l'histoire, cette période correspond à l'apothéose du désordre de la passion. Puis en juillet 1559, la mort du roi (blessé en juin) est à entendre comme un effet d'annonce, anticipant dès lors la mort symbolique puis réelle du prince de Clèves. Enfin, la mort du roi entraîne l'avènement d'un nouveau roi, avec le sacre de François II en 1559 : mais **alors que l'Histoire n'a jamais de fin, l'histoire, elle, s'arrête.**

Une temporalité tragique

La construction de l'intrigue peut être rapprochée de celle d'une tragédie :

1. L'exposition : présentation du cadre spatio-temporel et des personnages. Cette exposition permet de décrire la Cour comme un lieu d'intrigues : « *l'ambition et la galanterie étaient l'âme* de *cette Cour* » (p. 37). Le mariage de Mlle de Chartres s'inscrit dans cet univers.

2. Le nœud tragique se met en place au bal, avec l'évocation d'un coup de foudre entre la princesse, déjà mariée, et le duc de Nemours. Ce deuxième « acte » met en place le drame.

3. Les péripéties, centrées autour de la progression de la passion qu'éprouve l'héroïne qui tente malgré tout de s'en défaire, en fuyant à Coulommiers, en avouant son inclination à son mari, ce qui a pour effet la mort de ce dernier et les remords de la jeune femme.

Le duc de Nemours de son côté se révèle particulièrement imprudent, volant le portrait, épiant à plusieurs reprises la princesse (au moment de la scène d'aveu ou lors de la scène du pavillon).

4. Le dénouement : alors que la mort du mari semblait présager un avenir heureux, la princesse ne se résout à trahir la mémoire de son époux et se retire. Cette mise à l'écart géographique est symbolique, et annonce déjà la mort physique de cette jeune femme qui renonce définitivement à la Passion pour se consacrer à la Vertu.

Dans ce récit, le tragique naît de l'impossibilité pour les personnages de lutter contre leur destin. La passion qui anime les personnages les fait agir contre toute prudence[1] : les personnages manquent de discernement. La princesse s'apparente à l'héroïne tragique en ce qu'elle n'est « *ni tout à fait coupable, ni tout à fait innocente* » (cf. Racine au sujet du personnage éponyme de *Phèdre*). Elle est coupable car malgré ses tentatives de vaincre la passion, elle cède à la galanterie ; mais elle reste innocente et victime du regard des hommes. Comme le stipulait Aristote, dans sa *Poétique* (env. 335 av. J.-C.), **les personnages inspirent à la fois terreur et pitié au lecteur,** ce qui les rapproche des héros tragiques. Le récit met ainsi en relation passion et faiblesse, amour et instabilité, en même temps qu'il fait entendre la voix de la moraliste, qui peint l'Homme comme le jouet de la passion.

Le temps des saisons et leur symbolique

L'histoire semble être agencée : **le symbolisme des saisons donne une résonance particulière à l'éclosion et à la fin de la passion**. On constate en effet un parallèle entre le temps historique des saisons et temps de la passion :

- Automne 1558 (temps des récoltes) : saison marquée par l'espoir, la paix, les projets de mariage.
- Hiver 1558 : mariage du couple, à la fois permis et assombri par la mort du duc de Nevers, ce qui l'inscrit dans un moment ambigu, le bonheur étant menacé par l'horizon de la mort.

1. *Prudentia* : « prévoyance, prévision » à l'origine, puis sens actuel de « sagesse, compétence ».

- Printemps 1559 : éclosion de la passion. Saison symbolique de l'ardeur amoureuse.
- Été 1559 : point culminant de la passion et sensualité exacerbée lors de la scène du pavillon de Coulommiers.
- Automne 1559 : saison de deuil : la mort de M. de Clèves provoque le processus de dégradation de la passion.
- Hiver 1559 : saison froide, marquée par la retraite de la princesse.
- Printemps 1560 : ce devrait être une saison de renouveau, mais la période est marquée par la retraite définitive de la princesse, à envisager dès lors comme une nouvelle vie.

Ainsi l'Histoire joue un rôle important : elle sert de contexte, voire de prétexte, à l'histoire ; elle rend vraisemblable cette dernière puisque les repères historiques rendent plausible la fiction. Enfin elle sert à la morale : il s'agit pour Mme de Lafayette de peindre la société et de critiquer ses désordres.

La peinture de la société

La Princesse de Clèves n'est pas tant un document historique sur la Cour des Valois qu'une imitation de la Cour de Louis XIV : la vision de l'autorité royale est celle du temps de Louis XIV, les favoritismes et les disgrâces sont aussi d'actualité, ainsi que le désordre de la passion dans la vie privée. Dans le sillage des moralistes, Mme de Lafayette veut montrer la grandeur et les dangers d'une Cour.

La Cour : théâtre de vanité

Le narrateur porte un regard ambivalent sur cette Cour, dont l'atmosphère féerique inhérente au monde des apparences ne sert qu'à masquer la noirceur humaine.

La première phrase du roman ancre d'emblée l'intrigue dans un **contexte de splendeur royale** : « *La magnificence et la galanterie n'ont jamais paru en France avec tant d'éclat que dans les dernières années du règne de Henri second.* » L'incipit insiste de façon hyperbolique sur le caractère grandiose de la Cour des Valois : « *Jamais Cour n'a eu tant de belles personnes et d'hommes* *admirablement bien faits, et il semblait que la nature eût pris plaisir à placer ce qu'elle donne de plus beau dans les plus grandes princesses et dans les plus grands princes.* » (p. 12). À la Cour, le divertissement semble omniprésent, comme l'exprime la succession des bals, des tournois, des jeux de paume.

Mais la critique sévère de Mme de Lafayette estompe rapidement le tableau idyllique du faste de la Cour : « *L'ambition et la galanterie étaient l'âme de cette Cour, et occupaient également les hommes et les femmes. Il y avait tant d'intérêts et tant de cabales différentes, et les dames y avaient tant de part que l'amour était toujours mêlé aux affaires et les affaires à l'amour. Personne n'était tranquille, ni indifférent : on songeait à s'élever, à plaire, à servir ou à nuire ; on ne connaissait ni l'ennui, ni l'oisiveté, et on était toujours occupé des plaisirs ou des intrigues.* » (p. 37). Le quatrième récit enchâssé, portant sur l'intrigue de la lettre perdue, est une illustration de ce jugement sévère porté par le narrateur-témoin. Trois mots-clefs permettent de décrire cette Cour : **ambition, rivalité, intérêt.** Ainsi, la duchesse de Valentinois (p. 53) ou le cardinal de Lorraine (p. 181) ou encore Anne de Boulen (p. 103) deviennent les emblèmes des mauvaises pulsions qui se plaisent à la manipulation d'autrui et ne semblent agir que par « ambition ». À la suite de l'héroïne éponyme, le lecteur est plongé dans un milieu où fleurissent intrigues et manipulations.

À la Cour tout est fait pour fuir, faire oublier ce que l'on est par le divertissement[1]. Tout n'est que mouvement et frénésie de l'agitation : « *Ainsi il y avait une sorte d'agitation sans désordre dans cette Cour, qui la rendait très agréable, mais aussi très dangereuse pour une jeune personne.* » (p. 38).

Le désir de la retraite de la Princesse offre un contraste saisissant à ce mode de vie : c'est peut-être à ce moment qu'elle devient véritablement **une héroïne, en échappant au monde de l'apparence** pour se retrouver dans son être profond.

1. Cf. Pascal, *Pensées* : l'Homme cherche à se divertir pour oublier sa condition de mortel.

Voir et ne pas être vu

À la Cour, si chacun a un rôle et porte un masque, c'est que chacun tente d'échapper au regard d'autrui. C'est la teneur de la leçon de Mme de Chartres à sa fille : « *Si vous jugez sur les apparences en ce lieu-ci, vous serez toujours trompée : ce qui paraît n'est presque jamais la vérité* » (p. 53). Ainsi, Mme de Tournon devient l'incarnation de la duplicité, elle qui promet le mariage à Sancerre et à Estouteville (cf. 2e récit enchâssé). C'est ce que condamne fermement M. de Clèves : « *L'adresse et la dissimulation* [...] *ne peuvent aller plus loin qu'elle les a portés.* »

En corollaire, **il est impératif de cultiver l'art de la maîtrise de soi.** Or, les fréquentes rougeurs de la princesse (par exemple, p. 63 ou p. 95), ou ses « troubles » récurrents, qui trahissent ses sentiments, manifestent une absence de contrôle de soi, comme lorsque Nemours rend sa visite de condoléances à la princesse : « *L'inclination qu'elle avait pour ce prince lui donnait un trouble dont elle n'était pas maîtresse.* » (p. 96). La Princesse ne maîtrise donc pas son propre corps, qui révèle bien souvent ce qu'elle voudrait cacher : son corps parle, il est transparent.

La loi de la Cour : la bienséance

La Cour rend propice le triomphe du paraître : les personnages évoluant dans ce milieu manquent de sincérité et s'accommodent volontiers de l'apparence. Le regard de Mme de Lafayette, quoique lucide, est sévère : la vérité se cache sous l'apparence, sous le masque, sous la feinte. La princesse n'est pas dénuée de ce défaut, et feint souvent d'être malade pour échapper au regard intrusif, lors du bal donné par le maréchal de Saint-André (p. 62), après avoir lu la lettre perdue (p. 117), ou lorsque Nemours se rend chez elle avant qu'elle ne parte à Coulommiers (p. 184). **La frontière est étroite entre la dissimulation et le mensonge : entre les deux se trouve le silence, qui permet de taire la passion.** Néanmoins, malgré les différentes tentatives de dissimulation, les masques tombent, la passion poussant les personnages à avouer leurs sentiments.

Mme de Lafayette offre ainsi un spectacle du monde, où chacun est un personnage, joue un rôle, porte un masque : c'est la thématique baroque du *Theatrum mundi* : la Cour en quelque sorte est un théâtre, où nul n'apparaît tel qu'il est. Il y a d'ailleurs beaucoup d'effets de mise en scène dans *La Princesse de Clèves* : la scène chez le joaillier, la scène du bal, la scène de la mort de Mme de Chartres, la scène de l'aveu. Mme de Lafayette montre, pour mieux la dénoncer, l'illusion de l'apparence et l'oubli des réalités profondes de la condition humaine.

La Princesse de Clèves devient dès lors un moyen grâce auquel Mme de Lafayette fait la peinture de la société et dénonce son hypocrisie tyrannique, qui étouffe l'Homme. **Peindre les mœurs pour corriger les vices** : telle est la morale du Grand Siècle.

Par contraste, Coulommiers devient symboliquement le lieu à l'opposé de la Cour : lieu de repli, de solitude, il ne peut néanmoins préserver la princesse du regard intrusif de Nemours. La retraite à Coulommiers est une préparation à la retraite finale, grâce à laquelle la princesse parviendra à échapper définitivement aux regards.

✱ Coulommiers ou le lieu d'une intimité vaine

Le roman de Mme de Lafayette se situe à mi-chemin entre le récit historique et la fiction galante ; pour mieux dire, Mme de Lafayette inscrit sa fiction dans un cadre historique réel. En corollaire, les lieux évoqués sont réels et la géographie du roman est familière aux lecteurs du XVIIe siècle, avec des toponymes comme Paris, Reims, Coulommiers, Chambord, les Pyrénées. En dehors des lieux politiques, nous pouvons distinguer deux types de lieu, dont la dichotomie est omniprésente dans le roman : la Cour des Valois, lieu social, où chacun est sous le regard de l'autre, et un lieu éloigné de la Cour, représenté par Coulommiers, lieu retiré, à la campagne, dans lequel se trouve un pavillon. Si Coulommiers est d'abord présenté comme le lieu du retrait et de la solitude, cet endroit est propice à un recentrement sur soi. Mais Coulommiers reste un lieu ambigu, voire paradoxal, puisqu'étant a priori hors du monde, il reste pourtant assailli par l'extérieur.

Coulommiers, lieu du retrait

Coulommiers est un **lieu éloigné de la Cour** : situé à soixante kilomètres de Paris (« *à une journée de Paris* », p. 140), c'est un lieu de repli sur soi et de solitude. Château au milieu d'une forêt (qui n'est pas sans rappeler l'univers inquiétant du conte), il permet à la princesse de retrouver la paix nécessaire à la tranquillité de l'âme : « *Quand Monsieur de Clèves fut revenu, elle lui dit qu'elle voulait aller à la campagne, qu'elle se trouvait mal et qu'elle avait besoin de prendre l'air* » et la Princesse s'en justifie car « *le tumulte de la Cour est si grand qu'il est impossible que le corps et l'esprit ne se lassent et que l'on ne cherche du repos.* » (p. 141) ; « *Madame de Clèves,* [...] *feignant d'*être malade, *pria son mari de trouver bon qu'elle ne suivît point la Cour et qu'elle s'en allât à Coulommiers prendre l'air et songer à sa santé.* ». Ce sont d'ailleurs peut-être « *les palissades* » « *fort hautes* » dont il est question dans la scène du pavillon qui marquent la frontière entre les deux mondes, frontière qui *a priori* oppose le monde des vanités et de la galanterie à celui de la solitude.

Coulommiers devient donc le **lieu symbolique de l'isolement** que choisit la Princesse et que lui avait conseillé avant de mourir sa mère : « *Ayez de la force et du courage, ma fille, retirez-vous de la Cour* » (p. 67). Si cet isolement traduit la volonté de se protéger des « désordres » de la Cour, il s'agit surtout pour la jeune femme de se protéger des « désordres » de la passion : c'est d'ailleurs l'aveu qu'elle fait à son mari : « *Il est vrai que j'ai des raisons de m'éloigner de la Cour et que je veux éviter les périls où se trouvent quelquefois les personnes de mon âge.* » (p. 144).

Enfin, le narrateur ne cesse de multiplier les indices de lecture qui font de Coulommiers **un lieu hors du monde,** en témoigne la structure en inclusion : dans la « *forêt* » se trouve un « *parc* », dans lequel se trouvent un « *château* » et un « *pavillon* » à l'intérieur duquel se situe le « *cabinet* » de la princesse. Le cabinet de la princesse est donc conçu comme un lieu à l'abri des regards, vu comme antithétique à l'univers de la Cour. Il est conçu en quelque sorte comme un rempart au voyeurisme : c'est peut-être en ce sens qu'il faut saisir l'expression hyperbolique du « *plus beau lieu du monde* » (p. 189).

Les fuites répétées de la princesse à Coulommiers annoncent déjà son choix de quitter le monde des vanités et de l'insouciance pour intégrer un univers hors du monde.

Ainsi, Coulommiers est avant tout le lieu qui signe la mise à l'écart géographique de la princesse. Dans ce contexte, ce lieu est propice à un recentrement sur soi, voire même à l'épanouissement d'un désir caché car interdit.

Un lieu dans lequel la parole se libère

Coulommiers devient par là-même **le lieu de l'intimité, de la confidence, dans lequel la parole se libère**. Après plusieurs aveux avortés à Paris, à la mère ou à l'époux, c'est à Coulommiers, et plus précisément dans le pavillon, que la princesse avoue à deux reprises les sentiments qu'elle éprouve pour Nemours. Le premier aveu est à destination de l'époux, mais est entendu par l'amant (p. 142) ; le deuxième est tacite et s'effectue de nuit : seule, dans son pavillon, la princesse se livre à des rêveries et s'autorise l'interdit, par l'intermédiaire d'objets, substituts de Nemours (p. 192). Dans cette scène, le pavillon de la princesse, dans lequel cette dernière peut réfléchir et méditer, devient en quelque sorte le lieu métaphorique de l'introspection.

Mais ce lieu, dans lequel la parole se libère, devient tragique puisque les conséquences de l'aveu sont désastreuses et provoquent la mort de l'époux. Alors que Coulommiers est avant tout présenté comme le lieu conjugal, puisqu'il s'agit d'une « *belle maison* [...] *qu'ils faisaient bâtir avec soin* » (p. 140), **c'est au sein de ce lieu conjugal que la parole tue M. de Clèves,** comme ce dernier le regrette : « *Je ne sais comment j'ai pu vivre depuis que vous me parlâtes à Coulommiers* » (p. 187).

Coulommiers est donc un lieu ambigu, la parole libérée devenant funeste et mortifère.

Un lieu assailli par l'extérieur

Malgré les efforts faits pour se préserver du regard d'autrui, la princesse ne parvient pas à préserver son intimité, tant le regard de l'autre est intrusif. La leçon est amère : même à Coulommiers, **les secrets sont impossibles et l'intimité est niée.**

Si ce lieu est *a priori* hors du monde, il reste pourtant assailli par l'extérieur : les transgressions spatiales témoignent bien de l'impossibilité de se retirer totalement du monde. La princesse veut se protéger des regards de la Cour et de ceux de l'amant, mais n'y parvient pas, puisque Nemours s'invite chez elle à plusieurs reprises… (cf. la scène de l'aveu, la scène du pavillon, ou l'arrivée de Nemours accompagné de sa sœur p. 207). À deux reprises, Nemours épie la princesse : lors de la scène d'aveu à l'époux, et lors de la scène du pavillon, scène dans laquelle lui-même est épié. C'est en ce sens que nous pouvons lire le franchissement des « *palissades* » (p. 191) comme une transgression spatiale symbolique : il s'agit d'une violation de l'espace privé.

C'est d'ailleurs à Coulommiers que se condense l'intensité de l'intrigue, lors de la scène nocturne du pavillon. L'intrusion, nocturne, du duc, suggère déjà l'adultère : ou du moins, c'est ainsi que le comprend M. de Clèves, qui meurt de jalousie et de mélancolie amoureuse. Dans cette perspective, **Coulommiers devient le lieu des belles résolutions que ne tient pas la princesse** ; le motif des « *fenêtres ouvertes* » (p. 191) peut-il alors se lire comme la métaphore de la fragilité des résolutions prises ? Coulommiers deviendrait dès lors le lieu dramatique par excellence, porteur non seulement du désir des amants, mais surtout de la tragédie vécue par la jeune femme.

Pour conclure, Coulommiers est un lieu paradoxal : signant la mise à l'écart géographique et sociale de la princesse, il est le **témoin du désir refoulé de cette dernière, désir qui éclate un court instant pour être aussitôt éteint brutalement et irrémédiablement.** C'est le lieu où se joue le drame, malgré les préventions de la princesse qui tente d'échapper à la passion adultère. Cette dernière n'aura donc aucun autre choix que de se retirer dans une retraite bien plus éloignée, dans une « *maison religieuse* », pour échapper définitivement à la passion et se tourner vers la Vertu.

La passion et le désir

Contrairement à *La Princesse de Montpensier,* qui débute comme une idylle, rapportant la passion naissante entre deux jeunes personnes libres de tout engagement, *La Princesse de Clèves* offre une intrigue plus complexe en ce que la passion apparaît après le mariage de la jeune femme, la rendant par conséquent d'emblée interdite car adultère. Mme de Lafayette s'attache alors à retracer l'itinéraire de la passion, donnant tout son sens à ce terme dont l'étymologie[1] rappelle la souffrance, la douleur physique et morale. L'objectif majeur de Mme de Lafayette, dans la lignée des Augustiniens, est de révéler non pas tant les plaisirs de la passion que l'effroi que celle-ci peut susciter.

L'expression du désir

Saint Augustin (IVe-Ve siècles) fut le premier à distinguer trois types de désirs. Le premier désir qu'il examine est ce qu'il nomme la *libido sciendi,* qui est le désir de connaissance, c'est-à-dire la curiosité ou la vanité de l'Homme. Le deuxième type de désir est la *libido sentiendi,* ce désir sensuel au sens large, c'est-à-dire la tendance à vouloir satisfaire les désirs des sens. Enfin, le troisième désir qu'il distingue des deux autres est la *libido dominandi,* le désir de dominer, la volonté de puissance, qui peut entraîner la manipulation d'autrui. Saint Augustin montre alors que la *libido* est d'abord tournée vers le moi, révélant dès lors une certaine forme de narcissisme.

Or, Mme de Lafayette, fréquentant les moralistes influencés par la doctrine augustinienne, parsème son récit de références à ces trois types de désir. Un personnage, pourtant décrit avant tout comme un galant homme, sincèrement épris de la princesse et possédant *a priori* toutes les qualités de l'honnête homme, incarne même la tension qui existe entre les trois désirs : le duc de Nemours. Ainsi, son désir de connaissance (*libido sciendi*) le pousse à violer l'intimité de la princesse, s'introduisant dans le château de l'époux ; son désir sensuel (*libido sentiendi*) est sans cesse en éveil, même si le narrateur reste discret et implicite : « *Il sentait tout ce que la*

1. *Patior : souffrir, éprouver, endurer.*

passion peut faire sentir de plus agréable» (p. 107) ; sa visite à propos de la lettre perdue lui procure «*le plus sensible plaisir qu'il eût jamais eu*» (p. 132) ; en apprenant les sentiments que la princesse avoue à son mari «*il sentit pourtant un plaisir sensible de l'avoir réduite à cette extrémité*» (p. 148), et après la scène du pavillon il éprouve, malgré les larmes, une «*joie sensible*» (p. 205). Enfin, son désir de dominer (*libido dominandi*) est omniprésent et se manifeste par ses intrusions fréquentes au domicile de la princesse, ses relances incessantes, mais surtout par le vol du portrait qui appartenait à M. de Clèves – «*il ne put résister à l'envie de le dérober à un mari qu'il croyait tendrement aimé*» (p. 105). Son désir relève alors d'un certain égoïsme, étant donné qu'il refuse de prendre en considération le désir de vertu que s'impose la princesse.

Néanmoins, Mme de Lafayette ne se montre pas aussi sévère qu'elle l'avait été pour le duc de Guise dans *La Princesse de Montpensier*: contrairement au portrait qu'en fait Mme de Chartres, Nemours n'est ni un libertin ni un hypocrite, mais un homme sincère, profondément amoureux, et non dénué de pathétique, surtout lorsqu'il implore la jeune veuve chez le vidame de Chartres : «*Monsieur de Nemours se jeta à ses pieds et s'abandonna à tous les divers mouvements dont il était agité. Il lui fit voir, et par ses paroles, et par ses pleurs, la plus vive et la plus tendre passion dont un cœur ait jamais été touché.*» (p. 228).

Le sentiment amoureux

Dans la Grèce antique, le terme d'«amour» désigne quatre sentiments distincts dont les acceptions apportent un éclairage nouveau au sentiment amoureux décrit dans *La Princesse de Clèves*. Tout d'abord, la *philia* se rapproche de l'amitié : c'est une estime réciproque et intense qui existe entre deux personnes. L'*éros* désigne quant à lui l'attirance sexuelle, que Platon décrit comme une «*divine folie*» qui est «*la cause des plus grands biens pour les hommes.*» (*Phèdre*, 266 a-b). Le troisième sentiment est l'*agapê*, à savoir l'amour du prochain, la charité, l'altruisme. Enfin la *storgê* évoque l'amour familial, l'amour d'un parent pour son enfant.

La Princesse de Clèves peut se lire comme étant l'illustration de ces quatre sentiments. En effet, si nous nous concentrons sur les sentiments qui animent le couple marié, nous constatons que d'emblée la princesse considère davantage M. de Clèves comme un ami à qui elle reconnaît de «*bonnes qualités*» (p. 44), sans pour autant avoir «*aucune inclination particulière pour sa personne*» (p. 44). D'ailleurs, lors de l'aveu fatidique, la princesse se révèle maladroite en utilisant ce terme d'«amitié» au moment où son mari aimerait recevoir des preuves d'amour: «*Songez que pour faire ce que je fais, il faut avoir plus d'amitié et plus d'estime pour un mari que l'on en a jamais eu.*» (p. 144) Plus tard, la focalisation interne révèle à nouveau que la princesse considère son mari comme un ami, qui a «*tant d'estime et d'amitié pour elle*» (p. 148).

D'autre part, si la princesse se résout à sacrifier sa passion pour respecter la mémoire de son défunt mari, cette attitude révèle bien une forme d'amour du prochain totalement désintéressé, une générosité d'âme qui va jusqu'au sacrifice de soi, et qui est à rapprocher de l'*agapê.* Et si la *storgê* reste un sentiment peu présent dans le roman, la mère disparaissant vite de la diégèse et la princesse n'enfantant pas (comme la princesse de Montpensier), néanmoins, certains traits de caractère du prince de Clèves, qui ne sont pas sans rappeler ceux du prince de Montpensier (dans *La Princesse de Montpensier*) nous laissent penser qu'il agit avec sa femme comme si cette dernière était sa fille, cherchant à la protéger (en vain), ou l'accablant de reproches. La dimension paternelle de l'époux justifie peut-être l'attirance de l'épouse pour un homme lui permettant de connaître l'*éros,* comme l'exprime la princesse à Nemours lors de l'aveu final: «*je vous avoue que vous m'avez inspiré des sentiments qui m'étaient inconnus devant que de vous avoir vu*» (p. 223), «*ayez cependant le plaisir de vous être fait aimer d'une personne qui n'aurait rien aimé, si elle ne vous avait jamais vu*» (p. 228).

Par conséquent, le roman ne cesse de mettre en exergue l'*éros* contrarié des époux, en témoignent les nombreuses plaintes du prince: «*Je ne touche ni votre inclination, ni votre cœur, et ma présence ne vous donne ni de plaisir, ni de trouble*» (p. 45); «*Vous êtes ma femme, je vous aime comme ma maîtresse, et je vous en vois aimer un autre*» (p.187). Le récit va même plus loin, associant de façon presque mythique l'*éros* au *thanatos,* le prince de Clèves étant animé après l'aveu de son épouse par ces deux pulsions contradictoires. Quoiqu'il en soit, que ce soit pour qualifier le sentiment qui anime la princesse, le duc de Nemours ou le prince de Clèves, l'*éros* est vu comme passion néfaste, proche de la folie, aveuglant les personnages : **chacun à sa façon manque de clairvoyance, de précaution ou de maîtrise de soi.**

Dans cette perspective, le sentiment amoureux peut-il exister pleinement ? Le roman semble suggérer qu'il est impossible… Du moins, il fait preuve d'une méfiance envers la passion amoureuse qui ne peut, selon l'auteur, qu'apporter le malheur.

Amour charnel *vs* Amour spirituel

Dans la lignée des Augustiniens, Mme de Lafayette oppose deux amours : l'amour charnel et l'amour spirituel.

Saint Augustin, dans *La Cité de Dieu* (413-426), distingue deux types de cité, qu'il associe à un type d'amour : le premier est l'amour de soi jusqu'au mépris de Dieu : c'est l'amour égoïste, charnel, de concupiscence, révélateur de la cité terrestre. Le deuxième est l'amour de Dieu jusqu'au mépris de soi : c'est l'amour spirituel, amour désintéressé, représentatif de la Cité de Dieu. Or, *La Princesse de Clèves* nous trace l'itinéraire d'une conscience, qui parvient à délaisser l'amour charnel pour se tourner vers l'amour spirituel qu'elle découvre grâce à une confrontation avec la mort : « *Cette vue si longue et si prochaine de la mort fit paraître à Madame de Clèves les choses de cette vie de cet œil si différent dont on les voit dans la santé. La nécessité de mourir dont elle se voyait si proche, l'accoutuma à se détacher de toutes choses* […]. *Il se passa un assez grand combat en elle-même* » (p. 232) à l'issue duquel « *les autres choses du monde lui avaient paru si indifférentes qu'elle y avait renoncé pour jamais ; qu'elle ne pensait plus qu'à celles de l'autre vie* » (p. 233) et s'adonne dès lors à « *des occupations plus saintes que celles des couvents les plus austères* » (p. 234).

Ainsi, *La Princesse de Clèves* peut se lire comme une fable sur l'Amour et ses dangers et ne cesse d'opposer la fragilité de l'Homme et la toute-puissance de la passion : néanmoins, au terme de l'histoire, la princesse parvient à vaincre cette passion, ce qui fait sa grandeur d'âme.

Catharsis et morale : l'écriture au service de l'édification des femmes

Si Christine de Pizan ne cesse de justifier l'intérêt de l'éducation des femmes (elle a d'ailleurs été remise à l'honneur au XXe par des féministes aux États-Unis), elle dénonce en parallèle la misogynie des récits courtois : « *Fuyez, fuyez la fole amour : même si le jeu en paraît plaisant, cela se terminera toujours à votre préjudice* » (*La Cité des dames,* 1405). Pour elle, les hommes séduisent les femmes « *comme autant de bêtes dans leurs filets* ». Elle critique le décalage entre le discours courtois (où tout est permis) et la réalité. Elle montre que ce sont surtout les femmes qui subissent les conséquences dramatiques de la passion, les hommes étant bien souvent épargnés… Dans cette perspective, elle prévient ses lectrices des dangers auxquels la fiction des amours courtois les expose et veut les mettre en garde contre les pièges que leur tendent les hommes. C'est en ce sens que nous pouvons saisir la dimension didactique de l'écriture de Mme de Pizan qui ne cesse de revendiquer la nécessité de l'éducation morale des femmes, pour les sortir de leur ingénuité.

Nous retrouvons le même combat chez Racine ou Mme de Lafayette. Au XVIIe, la nécessité d'éduquer les femmes est toujours à la mode. En 1632, Jacques Du Bosc publie le *Traité de l'Honnête femme* qui présente le pendant féminin de l'honnête homme : la femme de cour accomplie. En 1687, Fénelon publie le *Traité de l'Éducation des filles.* Entre 1680 et 1686, Mme de Maintenon crée un établissement destiné à éduquer les jeunes filles : la maison royale de Saint-Louis à Saint-Cyr-l'École.

Mme de Lafayette quant à elle tente de mettre en garde les jeunes filles contre la force et la puissance du désir, qui ne peut conduire qu'à leur perte. Ses deux œuvres, *La Princesse de Montpensier* et *La Princesse de Clèves,* peuvent ainsi se lire comme étant un diptyque : le premier pan nous présente un anti-modèle ; le deuxième pan nous présente un modèle de Grâce et de Vertu (image inversée de la première femme).

La Princesse de Clèves, un récit didactique

Le récit nous offre une vision pessimiste de la passion--destruction, associée au champ lexical du désordre, de l'agitation : la passion rend la princesse de Clèves « *troublée* » et est liée aussi à la douleur, voire à la mort (puisqu'il est difficile de survivre à la douleur). La passion est éphémère, elle apparaît avant tout comme une force incontrôlable, invincible, qui défie la volonté et ne débouche que sur des dilemmes impossibles. Elle est associée à l'inquiétude, la honte, l'inconstance, la souffrance et la mort. C'est pourquoi les mots « douceur » et « douleur » sont très liés dans ce roman de manière contradictoire, comme dans la scène à Coulommiers (p. 210-211) : « *Quoiqu'il eût une joie sensible* [...] *il était néanmoins très affligé* » ; « *La passion n'a jamais été si tendre et si violente* » ; « *ces larmes n'étaient pas de celles que la douleur seule fait répandre ; elles étaient mêlées de douceur et de ce charme qui ne se trouve que dans l'amour.* »

D'autre part, **Mme de Lafayette met en garde contre l'inconstance de l'Homme,** prêtant sa voix à Mme de Chartres qui conte à sa fille « *le peu de sincérité des hommes, leurs tromperies et leur infidélité, les malheurs domestiques où plongent les engagements* », même si les femmes ne sont pas exemptes de cette inconstance, en témoigne le récit de vie de Mme de Thémines. **Par contraste, Mme de Lafayette fait l'éloge de la Vertu,** finissant son roman en nous offrant une méditation sur la vertu, à travers l'exemple de la princesse de Clèves, qui préfère quitter la vanité du monde pour s'adonner aux occupations saintes. Sa retraite est alors présentée comme un modèle, face aux douleurs et aux emportements de la passion, dans un apaisement enfin retrouvé.

Cette fin nous permet d'envisager un rapprochement à faire entre le roman et la peinture : *La Princesse de Clèves* appartiendrait au genre pictural de la Vanité, reprenant à son compte les premiers mots de l'*Ecclésiaste* (I, 2) : « *Vanitas vanitatum, et omnia vanitatum* » (« *Vanité des vanités, tout n'est que vanité* »). La Vanité est un tableau qui mêle à des objets symbolisant le plaisir des sens ceux représentant la mort (souvent suggérée par un crâne), révélant ainsi la vacuité des occupations humaines et la précarité de l'existence. De façon similaire, Mme de Lafayette à son tour, par l'écriture, révèle la vanité du monde terrestre.

L'efficacité morale, propice à la *catharsis*

Ce roman montre l'aveuglement de l'être abandonné à ses passions, dans une sorte de démonstration, qui s'adresse autant à l'intelligence qu'à la sensibilité du lecteur. Le *pathos* n'est en effet pas absent de l'œuvre, provoquant la compassion du lecteur vis-à-vis de la princesse, de son mari ou de Nemours.

La Princesse de Clèves est donc une œuvre au service de l'édification des femmes, dans la lignée de Christine de Pizan ou de Racine. Seule la Vertu fait accéder au bonheur ; un bonheur saint, éloigné des préoccupations mondaines et matérielles.

Néanmoins, le roman reste ambigu : à l'issue de la lecture, des questions demeurent : comment régler sa vie pour atteindre le bonheur ? Mme de Lafayette nous montre ce qu'il ne faut pas faire, mais ne dit pas clairement ce qu'il faut faire… En quoi consiste cette « vertu » dont la princesse fait preuve à la fin de sa vie ?[1] Pourquoi le duc de Nemours, qui non seulement a été entraîné dans cette passion, mais l'a provoquée, ne meurt-il pas ? Ou du moins, pourquoi ne connaît-il pas un destin funeste ? Le roman reste ouvert et ne cesse d'interroger le lecteur.

Les enjeux littéraires de l'œuvre

Un texte polyphonique

La voix du narrateur principal

La voix du narrateur principal, neutre, se caractérise par son extrême retenue, n'intervenant pas directement (aucune prise de parole ; très peu de commentaires ou de descriptions). Ce narrateur semble vouloir laisser aux personnages toute leur complexité, tout leur mystère.

1. Cf. Dernière phrase : « *sa vie, qui fut assez courte, laissa des exemples de vertu inimitables* ».

La voix des personnages, narrateurs-relais

La voix des personnages eux-mêmes tend à faire de ces derniers des narrateurs-relais.

Le roman met en place un dispositif emboîté, nous présentant une histoire cadre, dans laquelle des récits sont enchâssés :

- **Mme de Valentinois vue par Mme de Chartres** (qui s'adresse à sa fille *la princesse de Clèves*) : tome I, p. 52-58.
- **Mme de Tournon vue par le Prince de Clèves** (qui s'adresse à sa femme) : tome II, p. 81-90.
- **Mme Anne de Boulen** (mère de la reine Élisabeth) **vue par Mme la Dauphine** : tome II, p. 102-104.
- **Le Vidame de Chartres par lui-même** (à M de Nemours) : tome II, p. 120-126.

Ces récits enchâssés arrivent à un rythme régulier et confèrent au roman une cadence presque musicale, d'autant plus que l'ordre des voix est alterné : voix féminine /masculine/féminine/masculine. Il ne s'agit pas tant de digressions que d'éclairages : les récits enchâssés sont toujours en rapport avec l'histoire principale : dans le premier, Mme de Chartres fait une leçon à sa fille sur la jalousie et les passions ; dans le deuxième, Mme de Clèves apprend l'hypocrisie de Mme de Tournon : il s'agit donc d'une leçon sur « *l'adresse et la dissimulation* » (p. 90). Dans le troisième, la Dauphine met en lumière les ravages de la jalousie, ce qui constitue un reflet plus ou moins direct de l'histoire principale. Enfin, le dernier explicite une histoire d'hypocrisie et de duplicité, le Vidame de Chartres relatant l'épisode de la lettre perdue.

Toutes ces aventures doublent donc le développement principal, illustrent la thèse centrale **en attirant l'attention sur les désordres de la passion amoureuse.** Le roman manifeste dès lors le caractère ingénieux de son architecture : l'esthétique de la diversité ne nuit en rien à l'unité de narration chère aux Classiques.

✱ Un genre polymorphe

Un roman ?

Mme de Lafayette refuse le roman de son époque[1] ; elle ne désigne jamais d'ailleurs son œuvre par le terme de « roman », auquel elle préfère celui d'« histoire » (terme qui encadre l'avis du « libraire au lecteur » p. 9).

Cependant, on y retrouve **des ingrédients du roman précieux**[2] – même s'il n'est pas question du décor de pastorale des romans précieux :

- l'insertion d'épisodes secondaires et d'intrigues nouées autour de *quiproquos* (cf. la lettre) ;
- le goût des sentiments nobles et des actions héroïques ;
- une psychologie précieuse (Nemours pose un problème subtil pareil à ceux que l'on examinait dans les salons précieux : un amant doit-il souhaiter que sa maîtresse aille au bal ?) ;
- les personnages sont nobles, beaux et bien fait ;
- la langue use de beaucoup de superlatifs ;
- l'analyse de l'amour distingue reconnaissance, estime et inclination.

D'autre part, on y trouve également **des ingrédients du roman d'apprentissage** : *La Princesse de Clèves* est l'histoire d'une passion. Le parcours de la jeune héroïne est initiatique : au départ, la jeune fille, innocente et naïve, ne sait rien du monde et d'elle-même : son regard est aveugle. Progressivement, elle apprend à connaître le monde et elle-même. Mais en même temps, ce schéma d'apprentissage se fait à rebours : habituellement, l'apprentissage permet l'intégration sociale. Or dans le roman, c'est l'inverse qui se produit : au début, la princesse fait son entrée dans la société, mais en sort à la fin… Car la passion est un moment fulgurant qui fait naître le personnage et le fait mourir.

---

1. Au XVIIe, le roman reste un genre suspect, refusé par les doctes.
2. La Préciosité, née au sein des salons littéraires, cultive le raffinement, à une époque où les manières se sont tant relâchées à la Cour d'Henri IV (1589-1610) (langage, attitude). Les Précieux tentent de polir langage et pensée, de redéfinir les mœurs, et de bannir toute forme de vulgarité (langage et comportement).

Une nouvelle ?

La caractéristique principale de ce genre est la brièveté. Or dans *La Princesse de Clèves*, on constate une triple concentration, qui rappelle aussi la règle théâtrale des trois unités :

- **Temps** : la période est resserrée sur une année (automne 1558-printemps 1559) : l'action a pour cadre un moment précis de notre histoire : il s'agit de la fin du règne d'Henri II et du début du règne de François II.
- **Lieu** : concentration de l'espace. Paris et Coulommiers sont les deux pôles spatiaux de l'histoire.
- **Action** : concentration de l'intrigue autour de la passion du duc de Nemours et de *la Princesse de Clèves.*

« *C'est proprement des mémoires* »

Pourtant, à propos de son récit, Mme de Lafayette écrit ? « *Aussi n'est-ce pas un roman, c'est proprement des mémoires* »[1]. Or le récit n'est pas écrit à la 1re personne, par un sujet qui est à la fois auteur et sujet de l'action. Si Mme de Lafayette utilise ce terme de « *mémoires* », c'est qu'elle inscrit son histoire dans l'Histoire de la Cour, de ses hauts faits et de ses intrigues : « *C'est une parfaite imitation de la cour et de la manière dont on y vit* » ajoute-t-elle. Dans son récit, Mme de Lafayette ne cesse de mêler l'histoire personnelle à l'Histoire de France (avant de présenter l'héroïne, le récit commence par les portraits des grands personnages de France).

Une œuvre polygénérique

Le récit n'échappe pas au conte de fée : le narrateur raconte l'Histoire de France tel un conte, en mêlant la réalité au merveilleux, comme le révèle d'emblée l'*incipit* : « *La magnificence et la galanterie n'ont jamais paru en France avec tant d'éclat que dans les dernières années du règne de Henri second. Ce prince était galant, bien fait et amoureux* ». Il ne cesse de mettre en valeur le luxe des vêtements ou des qualités. Comme dans le conte, les cérémonies ou

1. Lettre du 13 avril 1678 à Lescheraine, secrétaire de madame Royale de Nemours-Savoie.

le divertissement ponctuent la vie de la Cour : Mlle de Chartres et M. de Clèves se rencontrent chez un joaillier italien (p. 33) ; Nemours et la princesse se rencontrent lors d'un bal (p. 49), ou chez un marchand de soie (p. 216) ; il est question de tournois, de mariages...

Mais dans ce conte s'immisce une tragédie : alors qu'à la fin du conte un mariage est célébré, ce n'est pas le cas ici, puisque c'est précisément le mariage qui fait obstacle. Le conte se finit mal car l'amour est impossible et entraîne la mort (réelle ou symbolique) : Mme de Lafayette essaie de dénoncer ce jeu de l'apparence qu'est la féerie de l'amour. Elle dénonce l'apparence de la Cour, l'éclat de la Cour qui rend aveugle. L'apparence n'est qu'une valeur trompeuse, le merveilleux peut être un leurre. Seule la vertu peut sauver l'Homme. *La Princesse de Clèves* peut ainsi se lire comme une tragédie des passions.

Un roman d'analyse

Le XVIIe marque un intérêt croissant pour le « moi », dans la tragédie, chez les moralistes, dans la peinture et dans l'art épistolaire. *La Princesse de Clèves* s'inscrit dans cette lignée et peut se lire comme une enquête sur le « moi », une analyse du « moi » et de la nature humaine. Mme de Lafayette, à la fois écrivain et moraliste, s'attachant à la profondeur psychologique de l'être humain, ouvre la voie du roman psychologique, analysant l'amour non pas sur un plan mondain[1] mais sur un plan personnel. Ainsi, l'écrivain regarde les passions sous toutes les formes et essaie de les présenter par un récit. Dans *La Princesse de Clèves,* **la passion ne se construit pas, elle se détériore** : le bonheur semble éphémère à cause des passions. La faute originelle des amants, le coup de foudre lors du bal, n'est que le point de départ d'une déchéance jusqu'à la séparation définitive des jeunes gens. Mme de Chartres avait prévenu sa fille ! Mais le récit n'est pas si pessimiste, car le salut est encore possible : la princesse se retire ; elle fuit sa faiblesse pour essayer de se recomposer aux yeux de Dieu. Mme de Lafayette met en récit la pensée augustinienne.

1. Comme c'est le cas chez les Précieux, comme Célimène (dans *Le Misanthrope* de Molière).

Le portrait

Au XVIIe, le genre du portrait (qui apparaît à la Renaissance) devient à la mode. Or dans *La Princesse de Clèves* il est plusieurs fois question de portraits :

- La reine dauphine fait faire des **portraits de toutes les belles personnes** (p. 135-136) ; elle demande un portrait à M. de Clèves pour pouvoir comparer la ressemblance.
- Mais cet épisode est suivi de celui du **vol du portrait** qui passe du mari à l'amant : Nemours ne possédera jamais que le portrait de la princesse…
- À Coulommiers, la Princesse regarde Nemours dans un **portrait collectif** (p. 209) : la relation entre Nemours et la princesse ne se fait que par l'intermédiaire d'images. Il est impossible de s'unir réellement l'un à l'autre.

L'art épistolaire

Autre forme d'enquête sur le « moi », **la lettre équivaut au monologue dans la tragédie** : elle révèle l'intériorité du personnage. Or il est là encore question d'une lettre dans le récit, laquelle revêt un caractère particulièrement dramatique : il s'agit de la lettre perdue du vidame de Chartres, qui révèle l'intimité de ce dernier (qui par conséquent doit raconter sa vie à Nemours), puis devient l'objet d'un ***quiproquo*** : la princesse croit qu'elle vient de Nemours et subit les affres de la jalousie[1]. Enfin, cette lettre autorise un moment d'intimité rare entre les deux amants, lesquels la réécrivent.

Mme de Lafayette accorde donc une place importante à l'intimité. Son roman parle d'abord des personnages. C'est un roman sur l'intériorité ; cependant, la romancière ne veut pas révéler toutes les facettes de l'individu, d'où les zones d'ombre qui font appel à une lecture participative.

1. « *La jalousie avec toutes les horreurs dont elle peut être accompagnée.* » (p. 145).

Un roman d'analyse : les instruments d'observation

• Le style indirect

Jean ROUSSET, dans « Présence et absence de l'auteur »[1], écrit, à propos de la posture du narrateur dans un récit romanesque au XVIIe, que ce dernier doit relater les faits, rapporter les discours avec la neutralité d'un chroniqueur « *de manière que le lecteur ait l'illusion de se trouver devant la réalité même* ». Ce pacte de lecture marque l'effacement de l'auteur (d'où l'anonymat de Mme de Lafayette) et l'indifférence du narrateur, même si ce dernier rapporte indirectement les moments d'âme des personnages.

En effet, le narrateur dans *La Princesse de Clèves* ne se contente pas de relater des évènements extérieurs : il observe et analyse les profondeurs secrètes du cœur. Mais s'il est omniprésent, on ne connaît pas son opinion sur les personnages : Nemours est-il un libertin ? un amoureux sincère ? un honnête homme ? Le lecteur doit être actif dans l'interprétation du récit.

Tantôt le narrateur est un simple témoin, tantôt il rapporte le discours intérieur du personnage au style indirect. De nombreuses introspections sont ainsi rapportées au style indirect, introduites pas un verbe annonçant le passage à l'intériorité : « *Elle pensa que…* », « *Elle fut étonnée de n'avoir point encore pensé combien…* ». Les discours rapportés permettent au lecteur de « visualiser » une passion vécue depuis l'intérieur de tel ou tel personnage.

• Le soliloque

Le soliloque est l'**équivalent du monologue** dans la tragédie, qui a une triple fonction : par **l'introspection**, et la **délibération**, il permet **d'éclairer une conscience**. Grâce au monologue, la confusion du « moi » laisse place à la clarté du « moi ».

La typologie du roman d'analyse justifie ce goût prononcé pour le soliloque qui interrompt souvent la narration, laissant en suspens l'intrigue. Par exemple, le vol du portrait par Nemours (p. 137), s'il suscite un plaisir immédiat, provoque un soliloque réflexif. Autre exemple, la rédaction de la lettre perdue (p.165) suscite là encore

1. Jean Rousset, « Présence et absence de l'auteur », *Forme et signification* (1962).

un plaisir immédiat et partagé, puis provoque un soliloque réflexif (« *Après qu'on eut envoyé la lettre...* » (p. 166) ; « *Elle demeura dans cette résolution* » (p. 168)).

Chaque rencontre entre Nemours et la Princesse est suivie d'un temps de réflexion propice à l'examen du « moi ». Aussitôt que s'évanouit le charme de la présence, la conscience de l'interdit reprend le dessus : **la Princesse est sans cesse confrontée au dilemme** (héritage de Corneille) **qui oppose cruellement la Raison et la Passion.** Au sentiment de la plénitude amoureuse et galante succède le sentiment de la culpabilité, avec le retour brutal de la conscience et de la morale.

Mais dans *La Princesse de Clèves,* les soliloques intérieurs ne parviennent pas à éclairer la conscience. Contrairement au monologue tragique, le soliloque ne fait que renforcer la confusion du « moi », provoquant même une déchirure, la conscience étant partagée entre la Raison, c'est-à-dire le « moi » raisonnable, et la Passion, c'est-à-dire le « moi » sensible.

- Le dialogue

La Princesse de Clèves nous fait entendre plusieurs types de dialogues :

- **Le dialogue-débat** : conversation mondaine sur l'amour, chez Mme la Dauphine par exemple.
- **Le dialogue de confidence** (celui de Nemours et du Vidame de Chartres).
- **Le dialogue-leçon** (Mme de Chartres à sa fille).
- **Le dialogue amoureux**, qui distingue les dialogues entre les époux (M. et Mme de Clèves) et les dialogues entre les amants (Nemours et Mme de Clèves). Les premiers sont des dialogues francs, sans mensonge, mais se révèlent des dialogues de sourds. Les seconds sont très peu nombreux car interdits et ils se déroulent souvent en présence de quelqu'un d'autre.
- **Le dialogue indirect** : Nemours va tenter des échanges avec la princesse en rusant : ainsi il passe par la dauphine pour se présenter à la princesse (p. 91) et créée alors un dialogue par personne interposée. Ou bien, il use du dialogue à double

entente (p. 129) : en surface, il s'agit d'un discours avec un code social mais, en profondeur, ces paroles sont directement adressées à la princesse.

Ainsi, le récit ne cesse de révéler la difficulté du dialogue intime.

- L'aveu

L'aveu traduit la difficulté de communication entre le mari et la femme. Alors que pour M. de Clèves, dire la passion c'est la faire exister, pour sa femme, au contraire, dire la passion c'est essayer de la faire mourir.

Nous pouvons distinguer trois aveux dans le roman :

- **l'aveu avorté à Mme de Chartres** : la princesse va chez sa mère pour lui avouer sa passion mais sa mère est malade (p.105) ;
- **l'aveu à M. de Clèves à Coulommiers** (p. 170), après deux tentatives d'aveux à Paris ;
- **l'aveu à Nemours chez le Vidame de Chartres** (p. 226).

À chaque fois l'aveu est difficile à accomplir car la passion est interdite : l'aveu est donc indissociable du sentiment de culpabilité. La princesse ne veut pas en parler à sa mère (p. 100), puis se montre très « *embarrassée* » devant son mari et lui dit qu'elle a tenté plusieurs fois de tout lui avouer sans oser le faire (p. 170). Enfin, elle retarde l'aveu à Nemours le plus tard possible (p. 226). L'aveu est donc une responsabilité dure à accepter.

L'aveu de la Princesse à son mari constitue l'acmé du drame. Pourtant, il s'agit d'un aveu implicite et incomplet : M. de Clèves presse l'aveu car il veut savoir pourquoi sa femme ne veut pas rentrer à Paris. Cette dernière résiste mais M. de Clèves devine et la jeune femme finit par acquiescer, sans toutefois donner de nom. Or, à ce moment précis, **le couple est épié par Nemours**, qui, lui, saisit le non-dit. Cette scène fonctionne donc comme **une double scène d'aveu**. Mais pourquoi la princesse avoue-t-elle donc cette inclination au mari ? Lance-t-elle implicitement un appel à l'aide à l'époux, ayant la conscience d'être impuissante face à la force de la passion ? Est-ce pour se libérer d'une culpabilité, auquel cas l'aveu aurait une fonction libératrice, cathartique ? S'agit-il pour elle de retrouver la pureté perdue, en se libérant du mal ?

Toujours est-il que **les conséquences de cet aveu sont tragiques,** puisqu'il provoque la mort, réelle ou symbolique, de plusieurs protagonistes :

- **Mort réelle de M. de Clèves**, qui meurt d'un amour non réciproque. Il aurait voulu rendre amoureuse sa femme mais a échoué. Il meurt donc du mal d'amour, d'une mélancolie amoureuse.
- **Mort symbolique de la princesse**, qui s'éloigne du monde (elle meurt au monde pour une autre vie) : cette mise à l'écart géographique annonce la mort de la princesse, évoquée de façon très elliptique dans l'excipit.
- **Mort du désir de Nemours** : la passion disparaît, ce qui nous invite à une relecture : Mme de Chartres n'avait-elle pas raison de mettre en garde sa fille contre le désir éphémère des hommes ?

La question reste sans réponse : l'aveu a rompu un court instant le silence pour entraîner irrémédiablement le silence de mort sur lequel s'achève le roman.

Ainsi, Mme de Lafayette tente de sonder le cœur humain, d'observer la nature humaine et d'analyser la psychologie humaine tout en révélant sa complexité. *La Princesse de Clèves* est un roman introspectif : c'est le roman du « moi », le roman de l'intime, de l'émotion intérieure.

À retenir en vue de l'examen

Les extraits essentiels

Le portrait de l'héroïne

> « *Il parut alors une beauté à la cour* [...] *et d'en être aimée.* »
>
> Tome I, p. 21

La rencontre de Mlle de Chartres et de M. de Clèves chez le joaillier

> « *Le lendemain qu'elle fut arrivée, elle alla pour assortir des pierreries chez un Italien* [...] *une passion et une estime extraordinaire.* »
>
> Tome I, p. 33

La rencontre de la princesse de Clèves et du duc de Nemours au bal

> « *Lorsqu'elle arriva* [...] *il ne put admirer que Madame de Clèves.* »
>
> Tome I, p. 49-50

Le portrait dérobé

> « *La reine dauphine faisait faire des portraits en petit de toutes les belles personnes de la Cour* [...] *et qu'un autre qu'un amant ne se serait pas contenté de la peinture sans la boîte.* »
>
> Tome II, p. 105-107

L'introspection de la princesse

« *Madame de Clèves demeura seule* […] *fausse lettre du vidame.* »

Tome III, p.138-139

L'aveu de la Princesse à M. de Clèves

« *Ne me contraignez point, lui dit-elle, à vous avouer une chose que je n'ai pas la force de vous avouer* […] *et il faut plus de courage pour avouer cette vérité que pour entreprendre de la cacher.* »

Tome III, p. 142-145

La scène du pavillon[1]

« *Les palissades étaient fort hautes* […] *c'est ce qui n'a jamais été goûté ni imaginé par nul autre amant.* »

Tome IV, p. 191-193

La mort du prince de Clèves

« *Cependant Monsieur de Clèves était presque abandonné des médecins* […] *l'horreur qu'elle eut pour elle-même et pour Monsieur de Nemours ne se peut représenter.* »

Tome IV, p. 211-214

Le dernier échange entre la princesse et le duc de Nemours

« *Par vanité ou par goût, toutes les femmes souhaitent de vous attacher.* […] *Elle sortit en disant ces paroles, sans que Monsieur de Nemours pût la retenir.* »

Tome IV, p. 227-228

1. Cf. Étude linéaire proposée en fin d'ouvrage.

Le renoncement définitif : *l'excipit*[1]

> « *Enfin Monsieur de Nemours* [...] *exemples de vertu inimitables.* »
>
> Tome IV, p. 233-234

Les citations à connaître

La peinture de la société

« *La magnificence et la galanterie n'ont jamais paru en France avec tant d'éclat que dans les dernières années du règne de Henri second.* »

« *Jamais Cour n'a eu tant de belles personnes et d'hommes admirablement bien faits, et il semblait que la nature eût pris plaisir à placer ce qu'elle donne de plus beau dans les plus grandes princesses et dans les plus grands princes.* » (p. 12)

« *L'ambition et la galanterie étaient l'âme de cette Cour, et occupaient également les hommes et les femmes. Il y avait tant d'intérêts et tant de cabales différentes, et les dames y avaient tant de part que l'amour était toujours mêlé aux affaires et les affaires à l'amour. Personne n'était tranquille, ni indifférent : on songeait à s'élever, à plaire, à servir ou à nuire ; on ne connaissait ni l'ennui, ni l'oisiveté, et on était toujours occupé des plaisirs ou des intrigues.* » (p. 37)

« *Ainsi il y avait une sorte d'agitation sans désordre dans cette Cour, qui la rendait très agréable, mais aussi très dangereuse pour une jeune personne.* » (p. 38)

« *Si vous jugez sur les apparences en ce lieu-ci, vous serez toujours trompée : ce qui paraît n'est presque jamais la vérité.* » (p. 53, Mme de Chartres à sa fille)

1. Cf. Étude linéaire proposée en fin d'ouvrage.

« *Le tumulte de la Cour est si grand qu'il est impossible que le corps et l'esprit ne se lassent et que l'on ne cherche du repos.* » (p. 141, la princesse à son mari)

L'éloignement social

« *Ayez de la force et du courage, ma fille, retirez-vous de la Cour* » (p. 67, Mme de Chartres à sa fille).

« *Il est vrai que j'ai des raisons de m'éloigner de la Cour et que je veux éviter les périls où se trouvent quelquefois les personnes de mon âge.* » (p. 144, la princesse à son mari)

La passion, le désir

Mme de Chartres conte à sa fille « *le peu de sincérité des hommes, leurs tromperies et leur infidélité, les malheurs domestiques où plongent les engagements.* » (p. 21)

« *L'inclination qu'elle avait pour ce prince lui donnait un trouble dont elle n'était pas maîtresse.* » (p. 96)

« *Monsieur de Nemours se jeta à ses pieds et s'abandonna à tous les divers mouvements dont il était agité. Il lui fit voir, et par ses paroles, et par ses pleurs, la plus vive et la plus tendre passion dont un cœur ait jamais été touché.* » (p. 228)

« *Je vous avoue que vous m'avez inspiré des sentiments qui m'étaient inconnus devant que de vous avoir vu.* » (p. 223, la princesse au duc)

« *Ayez cependant le plaisir de vous être fait aimer d'une personne qui n'aurait rien aimé, si elle ne vous avait jamais vu.* » (p. 228, la princesse au duc)

« *Quoiqu'il eût une joie sensible* [...] *il était néanmoins très affligé* » ; « *La passion n'a jamais été si tendre et si violente* » ; « *ces larmes n'étaient pas de celles que la douleur seule fait répandre ; elles étaient mêlées de douceur et de ce charme qui ne se trouve que dans l'amour.* » (p. 205, à propos du duc)

« *Les passions peuvent me conduire ; mais elles ne sauraient m'aveugler.* » (p. 226, la princesse au duc)

Une fin édifiante

« *Cette vue si longue et si prochaine de la mort fit paraître à Madame de Clèves les choses de cette vie de cet œil si différent dont on les voit dans la santé. La nécessité de mourir dont elle se voyait si proche, l'accoutuma à se détacher de toutes choses* [...]. *Il se passa un assez grand combat en elle-même.* » (p. 232)

« *Les autres choses du monde lui avaient paru si indifférentes qu'elle y avait renoncé pour jamais ; qu'elle ne pensait plus qu'à celles de l'autre vie.* » (p. 233)

« *Elle passait une partie de l'année dans cette maison religieuse et l'autre chez elle, mais dans une retraite et dans des occupations plus saintes que celles des couvents les plus austères, et sa vie, qui fut assez courte, laissa des exemples de vertu inimitables* ». (p. 234)

Le parcours associé : **« Individu, morale et société »**

Extraits du *Bulletin officiel*

« L'étude de l'œuvre et celle du parcours sont étroitement liées et doivent s'éclairer mutuellement [...].

Corpus :

L'œuvre et le parcours associé fixés par le programme.

La lecture cursive d'au moins un roman ou un récit long appartenant à un autre siècle que celui de l'œuvre au programme. [...].

À ces œuvres et parcours définis par un programme national peuvent s'ajouter :

Des prolongements artistiques et culturels, faisant dialoguer textes littéraires, œuvres relevant des autres arts et éclairages critiques et documentaires.

Des groupements de textes complémentaires, correspondant à des questions littéraires posées par les œuvres et parcours au programme, et qui gagnent à être approfondies par l'analyse d'extraits d'autres œuvres, à quelque époque qu'elles appartiennent. »

Présentation du parcours : Individu, morale et société

Enjeux et thématiques

Le parcours « Individu, morale et société » met en relation trois notions qu'il convient de définir pour pouvoir en dégager les enjeux principaux.

Définitions

Emprunté au latin *individuum*, « ce qui est indivisible », par opposition à « genre » ou « espèce », la notion d'« INDIVIDU » se laisse définir en lui opposant certaines notions, telles la totalité dans le domaine biologique, l'universalité dans le domaine psychologique, ou la collectivité dans le domaine social.

> « *L'unité, l'universel, le collectif : tels sont les tenants de l'opposition par où peut se définir l'individualité. Cette notion ne saurait donc exister seule : ce n'est pas là l'un de ses moindres paradoxes.* »
>
> Catherine Clement, « Individu », *Encyclopaedia Universalis*

Cette première notion nous invite à envisager **l'héroïne éponyme comme un individu vu à la fois comme membre d'une collectivité et s'y distinguant nettement**. En ce qui concerne l'écriture en tant que telle, cette notion est donc à mettre en relation avec certains choix d'écriture qui participent à la création du

roman d'analyse : le soliloque, le point de vue interne, et tout ce qui contribue à révéler l'individualité d'une personne, et en l'occurrence, de l'héroïne[1].

Le terme « MORALE » quant à lui, emprunté au latin *moralis*, « relatif aux mœurs », est un substantif appartenant au domaine éthique et désigne :

> « [...] *ce qui a trait aux mœurs, au caractère, aux attitudes humaines en général et, en particulier, aux règles de conduite et à leur justification.* »
>
> Eric Weil, « Morale », *Encyclopaedia Universalis*

Cette deuxième notion fait appel à la vigilance du lecteur qui doit non seulement aiguiser son regard critique concernant la peinture des mœurs qui lui est offerte dans *La Princesse de Clèves*[2], mais qui doit aussi découvrir quelles sont les règles de conduite prônées par Madame de Lafayette, et en quoi le récit délivre un enseignement moral[3]. Le projet littéraire de Madame de Lafayette, combinant esthétique et éthique, s'inscrit ainsi pleinement dans la morale du Grand Siècle : *Placere* et *Docere*.

Enfin, la notion de « SOCIÉTÉ », terme emprunté au latin *societas* qui signifie « association, communauté », désigne non seulement les relations entre des individus, mais aussi le lieu où s'entrecroisent ces individus.

C'est la « *communauté des êtres humains, unis par leur nature et par les lois de la vie collective* » (Bossuet, *Oraison funèbre de Henriette d'Angleterre, duchesse d'Orléans* (1670).

Cette troisième notion nous permet d'appréhender l'œuvre de Madame de Lafayette dans sa dimension historique, l'intrigue se situant au XVIe, à la Cour des Valois, assurant dès lors le caractère vraisemblable du récit. Néanmoins, restons prudents : derrière la peinture de ce siècle se masque celle du siècle de Louis XIV[4].

---

1. Cf. Un roman d'analyse : les instruments d'observation (p. 56).
2. Cf. La peinture de la société (p. 37).
3. Cf. La passion et le désir (p. 44) ; *Catharsis* et morale : l'écriture au service de l'édification des femmes (p. 48).
4. Cf. L'histoire dans l'Histoire (p. 33).

De plus, il s'agit d'être particulièrement attentif aux relations qui existent entre les différents membres de cette société de Cour, l'écrivain reprenant la thématique baroque du *theatrum mundi*, et décrivant, à l'instar de La Rochefoucauld ou, plus tard, de La Bruyère, l'empire de l'amour-propre, de l'hypocrisie et de la vanité.[1]

- **La combinaison des notions nous permet de dégager des axes de lecture**, problématiques majeures pour explorer *La Princesse de Clèves* et son parcours associé :
  - **Individu / Société** : cette combinaison nous fait réfléchir à la relation qu'entretient l'individu à la société : en quoi la société permet-elle de construire l'individu, ou au contraire, de le déconstruire ? Dans quelle mesure les conduites individuelles sont-elles socialement déterminées ? Quel est l'impact de la société sur l'individu ? La société permet-elle à l'individu de s'accomplir ?
  - **Morale/ Société** : cette articulation permet de nous focaliser sur le regard lucide que porte l'écrivain sur la société, et sur l'impact de ce regard sur le lecteur : quelle vision de l'Homme et du monde nous offre le roman ? Comment la littérature, et le roman, subsument-ils la dichotomie apparente entre le *Placere* et le *Docere* ? Dans quelle mesure la fiction engendre-t-elle la réflexion ?
  - **Individu / Morale** : en quoi le parcours d'un individu sert-il à la morale ? Comment la romancière parvient-elle à universaliser le propos ? Par quels moyens le lecteur peut-il s'identifier au(x) protagoniste(s) ? En quoi le personnage de roman devient-il un *exemplum* ? Quels modèles humains propose le roman ?
- **Quoiqu'il en soit, la triade qui place en son centre le terme de « morale » doit être considérée dans son unité,** l'intitulé du parcours associé nous invitant à envisager le roman de Mme de Lafayette comme un récit allégorique, impliquant dès lors le lecteur dans une relation personnelle au texte, suscitant l'émotion, le plaisir, l'admiration ou au contraire la répulsion.

1. Cf. La peinture de la société (p. 37).

De façon plus générale, le parcours associé porte sur les fonctions du roman et nous demande d'étudier comment le parcours narratif du personnage correspond à un apprentissage du monde social, de ses fonctionnements et de ses codes, permettant au lecteur de déchiffrer la société.

Enfin, les trois notions reliées posent la question de savoir comment, à partir de ses personnages, le roman invite à une interrogation sur les rapports de l'individu au monde et à lui-même, permettant une réflexion plus générale sur la condition humaine.

Auteurs incontournables

Grandeur et décadence de l'Homme au XVIIe

Pascal et la notion de divertissement

Dans ses *Pensées* (1665), œuvre fragmentée qui influença Mme de Lafayette, Pascal fait une apologie de la religion chrétienne, s'attardant à démontrer l'incomplétude de l'Homme afin de souligner la nécessité de se tourner vers Dieu. La misère de l'Homme sans Dieu explique, pour Pascal, son agitation perpétuelle qui le détourne des préoccupations essentielles : c'est la notion de « divertissement », qu'il faut entendre en son sens étymologique[1], le divertissement désignant tout ce qui détourne l'Homme de l'acceptation de sa condition de mortel, autrement dit de la découverte de son néant.

- Quelques citations-clés

« *Rien n'est si insupportable à l'homme que d'être dans un plein repos, sans passions, sans affaire, sans divertissement, sans application. Il sent alors son néant, son abandon, son insuffisance, sa dépendance, son impuissance, son vide.* » (Fragment 131)

1. *Di-vertere* : « se détourner de ».

« *Misère. La seule chose qui nous console de nos misères est le divertissement, et cependant c'est la plus grande de nos misères. Car c'est cela qui nous empêche principalement de penser à nous, et qui nous fait perdre insensiblement.* » (Fragment 171)

« *La grandeur de l'homme est grande en ce qu'il se connaît misérable. Un arbre ne se connaît pas misérable. C'est donc être misérable que de* [se] *connaître misérable ; mais c'est être grand que de connaître qu'on est misérable.* » (Fragment 397)

La Rochefoucauld, l'empire de l'amour-propre et la vanité

Reprenant la pensée de saint Augustin, La Rochefoucauld blâme avec énergie dans ses *Maximes et réflexions morales* (1665) l'amour de soi qui domine la société et qui se dissimule sous les apparences les plus diverses. Pour le moraliste, l'amour-propre est inséparable de l'orgueil, de l'intérêt, et masque la vanité de l'Homme. Par contraste, La Rochefoucauld prône la modestie et l'humilité.

- Quelques citations clés

« *La sincérité est une ouverture de cœur. On la trouve en fort peu de gens ; et celle que l'on voit d'ordinaire n'est qu'une fine dissimulation pour attirer la confiance des autres.* »(73)

« *Nous nous persuadons souvent d'aimer les gens plus puissants que nous et néanmoins c'est l'intérêt seul qui produit notre amitié. Nous ne nous donnons pas à eux pour le bien que nous leur voulons faire, mais pour celui que nous en voulons recevoir.* » (85)

« *Nous sommes si accoutumés à nous déguiser aux autres qu'enfin nous nous déguisons à nous-mêmes.* » (119)

« *Les faux honnêtes gens sont ceux qui déguisent leurs défauts aux autres et à eux-mêmes. Les vrais honnêtes gens sont ceux qui les connaissent parfaitement et les confessent.* » (202)

« *Il y a dans la jalousie plus d'amour-propre que d'amour.* » (324)

« *On doit se consoler de ses fautes quand on a la force de les avouer.* » (641)

- Lectures cursives envisageables

- Mme de Lafayette, *La Princesse de Montpensier* (1662).
- Prévost, *Histoire du chevalier Des Grieux et de Manon Lescaut* (1731).
- Choderlos Laclos, *Les Liaisons dangereuses* (1782).
- Bernardin de Saint-Pierre, *Paul et Virginie* (1788).
- Stendhal, *Le Rouge et le Noir* (1830).
- Balzac, *La Peau de chagrin* (1831) ; *Le Lys dans la Vallée* (1836).
- Flaubert, *Madame Bovary* (1857), *L'Éducation Sentimentale* (1869).
- Hugo, *Les Misérables* (1862).
- Maupassant, *Bel Ami* (1865), *Pierre et Jean* (1888).
- Zola, *L'Assommoir* (1877), *Germinal* (1885).
- Mauriac, *Thérèse Desqueyroux* (1927).
- Camus, *L'Étranger* (1942).
- Vian, *L'Écume des jours* (1947).
- Quignard, *Tous les matins du monde* (1991).

Parcours autour de l'œuvre

Corpus 1 : Les conséquences de la passion

- Texte A. Madame de Lafayette, *La Princesse de Montpensier* (1662) : l'excipit
- Texte B. Abbé Prévost, *Histoire du chevalier Des Grieux et de Manon Lescaut* (1731) : la mort de Manon
- Texte C. Pascal Quignard, *Tous les matins du monde* (1991) : chapitre XXIII (extrait) : la déchéance de Madeleine

Si la passion est l'une des sources les plus fécondes de la littérature, elle est souvent opposée de façon tragique à la vertu. Cette tension permanente créée un fil narratif autant qu'elle permet la réflexion morale, et ce particulièrement dans les fins de récit. Le corpus présente trois figures féminines, héritières, chacune à sa façon, de la figure biblique de Marie-Madeleine. Victimes de la passion, elles sont toutes trois soumises à un destin funeste, ce qui ouvre chacun des récits à une méditation sur les conséquences de la passion.

Texte A. Madame de Lafayette, *La Princesse de Montpensier* (1662) : l'excipit

Cependant, après que le mal de madame de Montpensier fut venu au dernier point, il commença à diminuer : la raison lui revint ; et, se trouvant un peu soulagée par l'absence du prince son mari, elle donna quelque espérance de sa vie. Sa santé revenait pourtant avec grand peine, par le mauvais état de son esprit ; et son esprit fut travaillé de nouveau, quand elle se souvint qu'elle n'avait eu aucune nouvelle du duc de Guise pendant toute sa maladie. Elle s'enquit de ses femmes si elles n'avaient vu personne, si elles n'avaient point de lettres; et, ne trouvant rien de ce qu'elle eût souhaité, elle se trouva la plus malheureuse du monde, d'avoir tout hasardé pour un homme qui l'abandonnait. Ce lui fut encore un nouvel accablement d'apprendre la mort du comte de Chabannes, qu'elle sut bientôt par les soins du prince son mari. L'ingratitude du duc de Guise lui fit sentir plus vivement la perte d'un homme dont elle connaissait si bien la fidélité. Tant de déplaisirs si pressants la remirent bientôt dans un état aussi dangereux que celui dont elle était sortie : et, comme madame de Noirmoutier était une personne qui prenait autant de soin de faire éclater ses galanteries que les autres en prennent de les cacher, celles du duc de Guise et d'elle étaient si publiques, que, toute éloignée et toute malade qu'était la Princesse de Montpensier, elle les apprit de tant de côtés, qu'elle n'en put douter. Ce fut le coup mortel pour sa vie : elle ne put résister à la douleur d'avoir perdu l'estime de son mari, le cœur de son amant, et le plus parfait ami qui fut jamais. Elle mourut en peu de jours, dans la fleur de son âge, une des plus belles princesses du monde, et qui aurait été sans doute la plus heureuse, si la vertu et la prudence eussent conduit toutes ses actions.

Texte B. Abbé Prévost, *Histoire du chevalier Des Grieux et de Manon Lescaut* (1731) : la mort de Manon

Pardonnez, si j'achève en peu de mots un récit qui me tue. Je vous raconte un malheur qui n'eut jamais d'exemple. Toute ma vie est destinée à le pleurer. Mais, quoique je le porte sans cesse dans ma mémoire, mon âme semble reculer d'horreur, chaque fois que j'entreprends de l'exprimer.

Nous avions passé tranquillement une partie de la nuit. Je croyais ma chère maîtresse endormie et je n'osais pousser le moindre souffle, dans la crainte de troubler son sommeil. Je m'aperçus dès le point du jour, en touchant ses mains, qu'elle les avait froides et tremblantes. Je les approchai de mon sein, pour les échauffer. Elle sentit ce mouvement, et, faisant un effort pour saisir les miennes, elle me dit, d'une voix faible, qu'elle se croyait à sa dernière heure. Je ne pris d'abord ce discours que pour un langage ordinaire dans l'infortune, et je n'y répondis que par les tendres consolations de l'amour. Mais, ses soupirs fréquents, son silence à mes interrogations, le serrement de ses mains, dans lesquelles elle continuait de tenir les miennes me firent connaître que la fin de ses malheurs approchait. N'exigez point de moi que je vous décrive mes sentiments, ni que je vous rapporte ses dernières expressions. Je la perdis ; je reçus d'elle des marques d'amour, au moment même qu'elle expirait. C'est tout ce que j'ai la force de vous apprendre de ce fatal et déplorable événement.

Mon âme ne suivit pas la sienne. Le Ciel ne me trouva point, sans doute, assez rigoureusement puni. Il a voulu que j'aie traîné, depuis, une vie languissante et misérable. Je renonce volontairement à la mener jamais plus heureuse.

Texte C. Pascal Quignard, *Tous les matins du monde* (1991) : chapitre XXIII (extrait) : la déchéance de Madeleine : de « *Elle avait commencé par manger du pain* » à « *elle offrait cette musique à Dieu.* »[1]

Texte A. Pistes de lecture pour une étude linéaire en vue de l'oral

La Princesse de Montpensier, nouvelle qui situe l'intrigue dans les années 1560-1570, manifeste déjà l'intérêt croissant de Mme de Lafayette pour l'analyse du cœur humain. Force centripète, celle qui annonce certains traits de la princesse de Clèves attire elle aussi tous les regards : le prince de Montpensier, le duc de Guise, le comte de Chabannes et le duc d'Anjou. Ayant épousé à contrecœur le prince de Montpensier alors qu'elle aime d'un amour réciproque le duc de Guise, la jeune princesse tente de résister à sa passion mais cette dernière est invincible et provoque la mort

1. Pascal Quignard, *Tous les matins du monde* (1991), Folio (2533), p. 98-99.

de l'héroïne éponyme. Dans cette perspective, le dénouement est marqué par une nette accélération du rythme de la narration ; les évènements se précipitent et s'enchaînent dans un tourbillon qui emporte tout sur son passage. **L'intensité dramatique** propre à ce dénouement entretient dès lors l'efficacité **de la nouvelle, le récit laissant place à la morale.**

Le premier mouvement de l'extrait se focalise sur le dernier sursaut de Madame de Montpensier. Alors que la maladie de la princesse ne cessait de progresser, plaçant cette dernière dans un état de délire propre à l'agonie, la jeune femme semble, dans un dernier sursaut, retrouver sa raison, ce qui lui permet d'être enfin lucide sur l'« *aventure* » qui lui est arrivée. Au délire de l'agonie s'oppose alors « *la raison* » qui lui permet de retrouver ses esprits le temps d'un instant, certes court, mais permettant au personnage de mesurer le poids de sa faute. Au tourment physique se superpose alors le tourment moral (propre à ce moment de lucidité finale) : « *sa santé revenait avec grand-peine par le mauvais état de son esprit, qui fut travaillé de nouveau* ». **Celle qui était au centre de toutes les attentions masculines mesure dès lors sa solitude**. Cette force centripète devient une force centrifuge, en témoignent l'absence du mari, l'absence de l'amant, et l'absence du confident (Chabannes). Délaissée par l'univers masculin, elle ne peut se tourner que vers ses femmes de chambre. **La raison lui étant revenue, elle peut alors mesurer son malheur** : « *elle se trouva la plus malheureuse du monde d'avoir tout hasardé pour un homme qui l'abandonnait* ». Rien ne lui est épargné, et différents coups successifs affaiblissent sa santé défaillante, d'autant plus que son mari semble prendre un malin plaisir à lui annoncer la mort de Chabannes, victime d'une méprise lors du massacre de la Saint-Barthélemy, comme le révèle l'ironie cruelle contenue dans le terme « *soins* ». Ainsi, dans ce dernier sursaut, **la princesse est capable de lucidité**, même si sa soudaine compréhension ne la sauve pas, mais au contraire la précipite dans la mort.

Le deuxième mouvement du passage s'attarde sur la **lucidité fatale** de la princesse. La nouvelle s'achève sur une série de révélations successives nommées comme des « *déplaisirs si pressants* » : la princesse prend conscience de « *l'ingratitude* » de Guise, qu'elle oppose dans un chiasme à la fidélité de Chabannes. Lucide, elle se rend compte que **Guise la délaisse pour une femme qui est son antinomie**. En effet, le couple formé par Guise et Madame de Noirmoutiers est à l'opposé de celui formé par Guise et la princesse : alors que la princesse n'a eu de cesse de cacher sa passion pour Guise, Mme de Noirmoutiers, au contraire, « *prenait autant de soin de faire éclater ses galanteries* » ; alors que la princesse et Guise « *cachèrent leur intelligence avec beaucoup de soin* » (cf. Incipit), et que leur liaison s'est faite essentiellement par voie épistolaire ou à l'ombre de la Cour, « *celles de M. de Guise et d'elle* [Mme de Noirmoutiers] *étaient si publiques* ». Et pourtant… alors que la princesse est condamnée, Mme de Noirmoutiers pourra vivre aux yeux de tous cet adultère. **Quel sens faut-il alors donner à la mort de la princesse** ? Si la maladie et la mort sont vus du point de vue moral comme le châtiment de sa faute, cette fin tragique, marquée par un triple échec puisque la princesse a perdu « *l'estime de son mari, le cœur de son amant et le plus parfait ami qui fut jamais* », peut aussi se lire comme le signe que la vérité est dangereuse, dans un monde où règnent l'hypocrisie, le mensonge, l'aveuglement. Mais alors que le mari et l'amant sont évoqués sans particularité, Chabannes est réhabilité au terme de la nouvelle comme « *le plus parfait ami qui fut jamais* » : la périphrase hyperbolique participe à la réhabilitation (partielle) de cet homme qui est certes coupable, mais qui est finalement révélateur de la condition humaine : un homme bon et généreux mais que les passions asservissent. Le dénouement n'offrant aucune consolation illusoire se révèle ainsi par certains aspects proches de l'esthétique des moralistes.

La formule finale inscrit enfin la nouvelle dans l'œuvre des moralistes. Le constat de Mme de Lafayette est sans appel et n'est pas très éloigné de celui de La Rochefoucauld. Si l'énumération des pertes de la princesse dresse sèchement le bilan de sa vie, faisant entendre la voix moraliste, c'est surtout l'ultime phrase qui propose une morale générale, replaçant la princesse parmi ses semblables – « *une des plus belles princesses du monde* » – et exprimant une mise en garde (grâce à l'irréel du passé) : « *qui aurait été la plus heureuse si la vertu et la prudence eussent conduit toutes ses actions.* » Néanmoins, le pessimisme de Mme de Lafayette n'est que provisoire : l'irréel du passé indique la possibilité d'un bonheur hyperbolique : Mme de Lafayette suggère que la vertu et la prudence peuvent être pratiquées, et que par conséquent, le bonheur peut être atteint. Les termes abstraits (« *vertu* », « *prudence* ») associés au superlatif, font de la vertu la condition au bonheur et annoncent dès lors le personnage de la princesse de Clèves et les « *exemples de vertu inimitables* ».

Ce dénouement d'une intensité dramatique est efficace : le sort des protagonistes est réglé, et la voix du narrateur laisse place à celle du moraliste. Néanmoins, cette fin est ambiguë, laissant entendre le pessimisme de Mme de Lafayette, dénonçant l'injustice et l'absurdité d'un monde dans lequel certains sont châtiés, d'autres pas. Pourtant, un certain optimisme se dégage des dernières lignes : si le lecteur pratique « *vertu* » et « *prudence* », il pourra atteindre le bonheur.

Texte B. Proposition d'un plan de commentaire composé en vue de l'écrit

L'*Histoire du chevalier Des Grieux et de Manon Lescaut* (1731) de l'abbé Prévost est une mise en pratique de la spéculation morale. En effet, ce roman se lit comme une illustration des désordres de la passion, à travers deux trajectoires : celle de Des Grieux, jeune homme innocent, qui choisit la passion et sombre dans la folie ; celle de Manon, pécheresse qui finit par se repentir, ce qui lui permet d'accéder à une forme de rédemption. Des Grieux, personnage double, complexe, plein de vices et de vertus, représentant la complexité humaine et favorisant ainsi l'identification du lecteur, devient l'opérateur d'une *catharsis*. Jouant avec le *pathos*, il raconte à son interlocuteur la mort de Manon. Mais au-delà du récit et des personnages se laisse saisir une réflexion sur les conséquences de la passion.

I – L'intensité dramatique propre au récit

1. Un récit cadre qui dramatise la mort
2. L'univers nocturne
3. L'irruption de la mort

II – Les conséquences de la passion

1. Mort et rédemption de la pécheresse
2. Destin funeste de l'amant
3. L'exemplarité de cette fin

Texte C. Pistes de lecture pour un texte complémentaire en vue de l'oral et de l'écrit

Tous les matins du monde débute comme une idylle, en s'attardant sur l'amour naissant entre deux jeunes personnes : Madeleine de Sainte Colombe et Marin Marais. Comme dans les comédies, on retrouve la figure du père qui s'oppose à ce mariage, celle de la sœur qui en est jalouse et qui parvient à conquérir le cœur de l'amant en s'offrant à son tour sans aucune pudeur. L'érotisme prend alors une dimension funeste puisque l'infidélité et l'indifférence de Marin Marais, qui s'apparente à la figure traditionnelle du libertin cynique se caractérisant par l'unique penchant à satisfaire sa soif de plaisir, va provoquer le suicide de Madeleine. Avant cette fin tragique, le narrateur décrit au chapitre XXIII la maladie qui ronge Madeleine et qui apparente cette dernière aux grandes figures littéraires des victimes de la passion mortifère.

Madeleine de Sainte Colombe **meurt progressivement au monde**. Cet extrait fait la description d'une jeune femme malade physiquement et psychologiquement, qui est « *défigurée* » et « *maigre comme les chardons* ». Refusant toute nourriture, Madeleine s'astreint au jeûne et sa maladie devient un sacrifice qu'elle offre, sans se plaindre. Le champ lexical du religieux omniprésent dans ce passage offre un contre-point à celui de la maladie : Madeleine lit les Pères du désert, elle prie sans communier, joue pour offrir sa musique à Dieu. Ainsi elle serait une **réécriture de la pécheresse repentie Marie-Madeleine**, ayant choisi de faire durablement pénitence jusqu'à la mort. Elle dit adieu à ses désirs, à ses fantasmes en adoptant des conduites mystiques. Le narrateur évoque même son « *esprit d'humilité* ».

Prolongement : la Vanité

Cette association du désir sensuel et de la mort nous autorise à faire un rapprochement entre le roman et la peinture : *Tous les matins du monde* appartiendrait au genre de la Vanité. Pascal Quignard à son tour révèle la vacuité des occupations humaines et la précarité de l'existence. Ainsi, l'idylle pastorale se transforme en un paysage funèbre. D'ailleurs, la tête de Madeleine qui se décharne inscrit au sein du chapitre XXII le motif du crâne cher aux vanités picturales : « *Il caressait le visage osseux de sa fille avec ses vieilles mains.* » Madeleine est liée au destin que son nom signifie : dans le tableau de sa maladie et de sa mort, Pascal Quignard s'est beaucoup inspiré de la *Madeleine aux deux flammes*, de Georges de la Tour.

Georges de la Tour (1593-1652), *Madeleine aux deux flammes* (non daté), Metropolitan Museum of Art, New York.

Dans un clair-obscur, le personnage médite sur la **vanité des plaisirs** et la fragilité ses apparences ; la scène suggère le moment tout juste après la conversion de la pécheresse dont les vêtements (jupe d'étoffe rouge, chemise ouverte sur les seins) et les longs cheveux dénoués rappellent une sensualité latente. Mais le regard détourné et les mains jointes de la femme manifestent le refus des plaisirs terrestres, symbolisés entre autres dans la composition par les bijoux dispersés. Sur ses genoux est posé un crâne, symbole de la mort, que rappelle aussi la bougie qui se consume.

Néanmoins, si Pascal Quignard s'est inspiré de ce tableau, le modèle est excédé dans le chapitre XXIII : ce n'est pas la chandelle qui se consume, mais le corps même de Madeleine, qui descend volontairement dans le monde de la mort qu'elle choisit en se suicidant.

Corpus 2. Des paysages anxiogènes, reflets de la lutte de l'individu contre la société

- Texte A. Victor Hugo, *Les Misérables* (1862) : I, 2, VIII « L'onde et l'ombre »
- Texte B. Flaubert, *L'Éducation sentimentale* (1869) : III, 1
- Texte C. Maupassant, *Pierre et Jean* (1888) : ch. II

Ce corpus s'inscrit dans le parcours « Individu, morale et société » en ce qu'il présente trois personnages représentatifs d'une certaine marginalité, en proie à une société qui ne fait que les conforter dans leur sentiment d'exclusion et qui, pire, les abandonne à leur sort. De la même manière que la princesse de Clèves, Frédéric Arnoux se réfugie dans la nature, mais ce refuge est vain, la forêt de Fontainebleau rappelant au personnage ses limites. Pierre quant à lui, essayant de fuir la réalité du drame familial qui est en train de se nouer, se retrouve face à un immense paysage dont la description hallucinée souligne la vulnérabilité du personnage. La nature, anxiogène, devient meurtrière dans *Les Misérables*, les flots semblant se complaire dans l'accélération de la noyade de l'homme à la mer, abandonné par le navire, métaphore de la société. Dans les trois extraits, le paysage décrit, que ce soit la mer, la forêt ou la rade, porte en son sein les traces de l'histoire de l'individu en lutte contre la société.

Texte A. Victor Hugo, *Les Misérables* (1862) : I, 2, VIII « L'onde et l'ombre » (extrait)

Un homme à la mer !

Qu'importe ! le navire ne s'arrête pas. Le vent souffle, ce sombre navire-là a une route qu'il est forcé de continuer. Il passe.

L'homme disparaît, puis reparaît, il plonge et remonte à la surface, il appelle, il tend les bras, on ne l'entend pas ; le navire, frissonnant sous l'ouragan, est tout à sa manœuvre, les matelots et les passagers ne voient même plus l'homme submergé ; sa misérable tête n'est qu'un point dans l'énormité des vagues.

Il jette des cris désespérés dans les profondeurs. Quel spectre que cette voile qui s'en va ! Il la regarde, il la regarde frénétiquement. Elle s'éloigne, elle blêmit, elle décroît. Il était là tout à l'heure, il était de l'équipage, il allait et venait sur le pont avec les autres, il avait sa part de respiration et de soleil, il était un vivant. Maintenant, que s'est-il donc passé ? Il a glissé, il est tombé, c'est fini.

Il est dans l'eau monstrueuse. Il n'a plus sous les pieds que de la fuite et de l'écroulement. Les flots déchirés et déchiquetés par le vent l'environnent hideusement, les roulis de l'abîme l'emportent, tous les haillons de l'eau s'agitent autour de sa tête, une populace de vagues crache sur lui, de confuses ouvertures le dévorent à demi ; chaque fois qu'il enfonce, il entrevoit des précipices pleins de nuit ; d'affreuses végétations inconnues le saisissent, lui nouent les pieds, le tirent à elles ; il sent qu'il devient abîme, il fait partie de l'écume, les flots se le jettent de l'un à l'autre, il boit l'amertume, l'océan lâche s'acharne à le noyer, l'énormité joue avec son agonie. Il semble que toute cette eau soit de la haine.

Il lutte pourtant.

Il essaie de se défendre, il essaie de se soutenir, il fait effort, il nage. Lui, cette pauvre force tout de suite épuisée, il combat l'inépuisable.

Où donc est le navire ? Là-bas. À peine visible dans les pâles ténèbres de l'horizon.

Texte B. Flaubert, *L'Éducation sentimentale* (1869) : III, 1 (extrait)

La diversité des arbres faisait un spectacle changeant. Les hêtres, à l'écorce blanche et lisse, entremêlaient leurs couronnes ? des frênes courbaient mollement leurs glauques ramures ? dans les cépées de charmes, des houx pareils à du bronze se hérissaient ? puis venait une file de minces bouleaux, inclinés dans des attitudes élégiaques ? et les pins, symétriques comme des tuyaux d'orgue, en se balançant continuellement, semblaient chanter. Il y avait des chênes rugueux, énormes, qui se convulsaient, s'étiraient du sol, s'étreignaient les uns les autres, et, fermes sur leurs troncs, pareils à des torses, se lançaient avec leurs bras nus des appels de désespoir, des menaces furibondes, comme un groupe de Titans immobilisés dans leur colère. Quelque chose de plus lourd, une langueur fiévreuse planait au-dessus des mares, découpant la nappe de leurs eaux entre des buissons d'épines ? les lichens, de leur berge, où les loups viennent boire, sont couleur de soufre, brûlés comme par le pas des sorcières, et le coassement ininterrompu des grenouilles répond au cri des corneilles qui tournoient. Ensuite, ils traversaient des clairières monotones, plantées d'un baliveau çà et là. Un bruit de fer, des coups drus et nombreux sonnaient ? c'était, au flanc d'une colline, une compagnie de carriers battant les roches. Elles se multipliaient de plus en plus, et finissaient par emplir tout le paysage, cubiques comme des maisons, plates comme des dalles, s'étayant, se surplombant, se confondant, telles que les ruines méconnaissables et monstrueuses de quelque cité disparue. Mais la furie même de leur chaos fait plutôt rêver à des volcans, à des déluges, aux grands cataclysmes ignorés.

Texte C. Maupassant, *Pierre et Jean* (1888) : ch. II (extrait)

Ayant fait encore quelques pas, il s'arrêta pour contempler la rade. Sur sa droite, au-dessus de Sainte-Adresse, les deux phares électriques du cap de la Hève, semblables à deux cyclopes monstrueux et jumeaux, jetaient sur la mer leurs longs et puissants retards. Partis des deux foyers voisins, les deux rayons parallèles, pareils aux queues géantes de deux comètes, descendaient, suivant une pente droite et démesurée, du sommet de la côte au fond de l'horizon. Puis sur les deux jetées, deux autres feux, enfants de ces colosses, indiquaient l'entrée du Havre ; et là-bas, de l'autre côté de la Seine, on en voyait d'autres encore, beaucoup d'autres, fixes ou clignotants, à éclats et à éclipses, s'ouvrant et se fermant comme des yeux, les yeux des ports, jaunes, rouges, verts, guettant la mer obscure couverte de navires, les yeux vivants de la terre hospitalière disant, rien que par le mouvement mécanique invariable et régulier de leurs paupières : « C'est moi. Je suis Trouville, je suis Honfleur, je suis la rivière de Pont-Audemer. » Et dominant tous les autres, si haut que, de si loin, on le prenait pour une planète, le phare aérien d'Étouville montrait la route de Rouen, à travers les bancs de sable de l'embouchure du grand fleuve.

Puis sur l'eau profonde, sur l'eau sans limites, plus sombre que le ciel, on croyait voir, çà et là, des étoiles. Elles tremblotaient dans la brume nocturne, petites, proches ou lointaines, blanches, vertes ou rouges aussi. Presque toutes étaient immobiles, quelques-unes, cependant, semblaient courir ; c'étaient les feux des bâtiments à l'ancre attendant la marée prochaine, ou des bâtiments en marche venant chercher un mouillage.

Juste à ce moment la lune se leva derrière la ville ; et elle avait l'air du phare énorme et divin allumé dans le firmament pour guider la flotte infinie des vraies étoiles.

Texte A. Pistes de lecture pour une étude linéaire en vue de l'oral

Lorsque Victor Hugo conçoit le livre des *Misérables* en 1845, la question sociale est un thème d'actualité. Dès le livre deuxième du tome II, le lecteur fait la connaissance avec le héros des *Misérables*, Jean Valjean : dans un récit enchâssé, le narrateur raconte ce qu'avait été la vie de Jean Valjean jusqu'à son arrestation, à l'âge de dix-neuf ans, pour avoir volé un pain en vue de nourrir sa famille. Jean Valjean, qui de nature était bon, ressort du bagne rempli de haine et marqué à vie par son passeport jaune qui le condamne au mépris de la société. Le chapitre 8, intitulé de façon lyrique « L'onde et l'ombre », constitue une pause dans le récit : le narrateur s'interrompt pour exprimer la réflexion de Victor Hugo au sujet de la misère sociale que ne fait que renforcer le mépris de la société envers de nombreux individus auxquels elle n'offre aucune possibilité de rachat. Dans ce tableau poétique, Victor Hugo opère une véritable dénonciation sociale, jouant sur le *pathos* du lecteur dans la contemplation d'un misérable.

Dans un premier temps, Victor Hugo dépeint **la détresse d'un homme abandonné par son équipage**, dont la dimension métaphorique en fait un condamné abandonné par la société. Le tableau visuel et auditif est particulièrement sinistre : comme un enfant à sa mère, le noyé tend les bras au navire, en vain. En corollaire, cet homme sans société, enfant orphelin, est un condamné à mort.

Le deuxième mouvement du passage nous laisse contempler **la souffrance intérieure** de cet homme qui s'enfonce et qui prend conscience de son abandon, de sa solitude. Tandis que les vagues grossissent, le navire s'éloigne et disparaît progressivement dans un rythme ternaire ? « *Elle s'éloigne, elle blêmit, elle décroît.* » Le naufragé fait alors un rapide retour en arrière : la thématique de la chute physique n'est pas sans rappeler celle de la chute morale de l'homme, qui n'a aucun espoir de se relever puisque dans une telle société, la miséricorde humaine n'existe pas.

Or la déchéance sociale entraîne inexorablement la déchéance morale, comme le décrit dans un troisième temps le narrateur, nous présentant par le biais de la métaphore **un forçat contre l'enfer du bagne**. L'homme à la mer, symbole du damné social, devient en effet le symbole du damné moral qu'est le forçat perdu dans l'enfer du bagne, comme le révèle le décor sinistre et fantastique. Dans cette mise en scène de la chute morale, Victor Hugo accuse la société de condamner les âmes quand elle croit ne condamner que les corps : le bagne pervertit l'homme, cet homme n'a d'ailleurs plus d'identité, ne faisant plus qu'un avec l'abîme. L'exclusion sociale se lit dans la dernière phrase – alexandrin – du paragraphe, « *il semble* *que toute cette eau soit de la haine.*». Malgré tout, l'homme lutte ; mais l'oxymore « *cette pauvre force* [...] *épuisée* » souligne la fragilité de cet être, face à « *l'inépuisable* ».

Ainsi, à travers le tableau en triptyque d'un naufragé, Victor Hugo dénonce les injustices sociales et l'horreur du bagne. À la fin du chapitre, le narrateur explicitera la métaphore : « *La mer, c'est l'inexorable nuit sociale où la pénalité jette ses damnés. La mer, c'est l'immense misère* ». La métaphore filée permet dès lors à Victor Hugo de donner à l'histoire de Jean Valjean une dimension universelle et exemplaire.

Texte B. Étude linéaire intégralement rédigée en vue de l'oral

Si le premier chapitre de la troisième partie de *L'Éducation sentimentale* s'ouvre sur la projection de Frédéric au milieu de l'insurrection des journées de juin 1848, notre personnage se montre empressé de fuir la réalité de l'Histoire pour s'enfuir avec Rosanette à Fontainebleau, lors d'un week-end où il espère vivre une idylle vécue comme double échappatoire à la réalité amoureuse – l'idylle d'Auteuil ayant été vouée à l'échec – et à la réalité historique. Pourtant, la forêt que les deux amants contemplent semble se charger d'une violence révélatrice de l'univers sentimental et politique que Frédéric cherche à fuir. La promenade amoureuse est donc à saisir dans sa dimension parodique, Flaubert reprenant le motif romantique en le chargeant d'ironie propre à renverser le *topos* de la Nature vue comme refuge, et les jeux d'énonciation sont complexes : au regard ironique et distancié de l'écrivain se superpose le regard de Frédéric, qui ne voit que violence et combat dans cette nature estivale. Cet extrait tend à révéler alors la double vision désenchantée du monde, que porte non seulement l'écrivain, mais le héros lui-même, double vision qui vient contaminer la description de la nature.

Notre étude s'attachera à démontrer la progression dramatique de la description ; au regard de Frédéric contemplant le « *spectacle de la nature* » (jusqu'à « *immobilisés dans leur colère* ») se substitue une vision fantasmée de la nature fantastique, propre à témoigner de la vulnérabilité du personnage.

I – « *Un spectacle changeant* » : la nature comme reflet de la double histoire de *l'Éducation sentimentale*

Le principe d'impersonnalité cher à Flaubert nous fait envisager la description de la Nature comme émanant du regard de Frédéric, regard redoublé par celui d'un narrateur extradiégétique et ironique.

1. Le début du paragraphe peut se lire comme étant une **succession d'images mentales** du jeune homme qui rêve à l'être aimé, en compagnie d'une autre femme considérée comme double parodique. En effet, l'écorce « *blanche et lisse* » n'est-elle pas la représentation par analogie de la peau de Mme Arnoux, dont l'auréole de la scène de rencontre est réactualisée par l'image des « *couronnes* » ? Mais par un effet d'antithèse, le verbe « *entremêler* » confère à cette évocation un sentiment douloureux, renvoyant bien sûr aux complications inhérentes à la situation de Mme Arnoux, femme mariée et inaccessible. D'autre part, la mention du « *houx* » suggérant le motif de la piqûre – réminiscence de la rose offerte par M. Arnoux à sa femme, qui piqua cette dernière à St Cloud ? –, ou le verbe « *se hérissaient* » participent à cette vision désenchantée d'un amour voué à l'échec ; les « *houx* » pouvant alors être perçus comme étant la métaphore de M. Arnoux, image d'autant plus convaincante qu'ils sont associés dans une comparaison aux « *bronzes* », qui réfèrent à ceux vus dans le magasin de M. Arnoux.

Au-delà de la description de la forêt, les images mentales évoquent donc bien une sorte de conflit, convoquant le trio de *l'Éducation sentimentale* : le couple Arnoux et Frédéric.

2. **À la projection de l'histoire amoureuse succède celle de l'Histoire**, les chênes semblant représenter les acteurs de la Révolution de juin, que Frédéric fuit également. Les chênes sont « *rugueux* », et l'accumulation de verbes pronominaux – « *se convulsaient* », « *s'étiraient* », « *s'étreignaient* », « *se lançaient* », participe à la dénonciation

de l'absurdité de ces chênes personnifiés, capables du meilleur, (« *s'étreignaient* »), comme du pire – « *se lançaient des menaces furibondes* », antithèse renforcée par une autre opposition de l'ordre de l'auditif cette fois : « *appels de désespoir* » / *menaces furibondes* ». Ces chênes sont bien le reflet d'une société représentée de manière métonymique par les « *torses* », les « *bras* », et le regard pessimiste de l'écrivain se manifeste ici, rendant compte du caractère non seulement versatile de l'Homme, mais encore monstrueux comme l'exprime la comparaison finale « *comme un groupe de Titans immobilisés dans leur colère* ».

(Transition)

Ainsi, le premier mouvement du texte est un « *spectacle changeant* », dans le sens où le spectacle qu'offre la nature est modifié par la source même du regard ; Frédéric, au-delà du spectacle de la nature, voit le spectacle du roman qui est le sien ; Flaubert, spectateur de la société, renverse le motif de la nature romantique et parsème son texte d'ironie, en même temps qu'il manifeste sa colère à l'égard de la situation anarchique de l'Histoire ; le lecteur doit être encore plus distant, et est invité à subsumer tous ces points de vue, ce qui rend la lecture particulièrement participative. Le deuxième mouvement fait basculer définitivement l'extrait dans une vision fantasmée et quasi hallucinatoire, ce qui fait hésiter le lecteur entre une interprétation rationnelle et une interprétation irrationnelle, ce qui, d'après Stefan Todorov, est le propre du fantastique.

II – Vision fantasmée de la nature fantastique (de « *quelque chose* » à la fin)

1. La quatrième phrase, dans une progression dramatique, donne bien à voir le sentiment de Frédéric, **héros perdu dans un monde proche du conte**, qu'il ne parvient pas à comprendre ; héros qui semble ne pas correspondre à ce monde de disharmonie, qui l'angoisse ; héros qui semble être en marge de l'Histoire et de l'histoire, comme l'image de la « *berge* » peut le signifier. Frédéric est dans un monde de l'entre-deux, dont le réel côtoie l'imaginaire, dans lequel le passé se mêle au présent. L'univers du conte, avec non seulement la convocation de la figure de la « *sorcière* », mais

encore « *le coassement ininterrompu des grenouilles* », associé à celui de la fable, avec la triple convocation animale – le loup, la grenouille étant des animaux traditionnels du genre – participe à faire basculer le réalisme de la description dans l'univers onirique, propre au conte.

2. La cinquième phrase confirme **la dimension fantastique de cette vision fantasmée d'une nature malveillante et angoissante**. En effet, les « *clairières* » sont désertes comme l'exprime l'adjectif « *monotones* » qui leur confère une légère personnification. Après cette description d'ordre visuel, la sixième phrase insiste sur l'univers sonore de cet espace : la gradation (on passe du singulier « *un bruit de fer* » au pluriel « *des coups drus* » renforcé par l'expression de la profusion « *et nombreux* ») entretient une progression dans la cacophonie du monde. La septième phrase s'attarde alors à décrire ces roches, dans une tension dramatique, marquée par une allitération en [pl] : « *elles se multipliaient de plus en plus, et finissaient par emplir tout le paysage* ». L'antithèse entre les adjectifs « *cubiques* » et « *plates* », participe à la description d'une nature hétéroclite et angoissante, dans laquelle l'univers familier et chaleureux, symbolisé par les « *maisons* », côtoie l'univers morbide, symbolisé par la « *dalle* » qui renvoie à la tombe. La comparaison finale parachève ce sentiment d'oppression : « *telles que les ruines méconnaissables et monstrueuses de quelque cité disparue* ». Le lexique de la ruine, en corrélation avec celui de la confusion, de la monstruosité et de la mort (« *disparue* »), entretient bien le sentiment d'aliénation du personnage face à la nature qui l'entoure.

On sent bien ici l'ironie de l'écrivain qui parodie le *topos* romantique de la dimension maternelle d'une nature dans laquelle le héros trouve du réconfort et lui permet de s'épancher.

3. Enfin, la dernière phrase de l'extrait choisi inscrit l'écho **de la violence historique**, en témoigne la surenchère du lexique de la violence : « *furie* », « *chaos* », « *volcans* », « *déluges* », « *grands cataclysmes* », qui confère à la nature une dimension apocalyptique, renvoyant au désastre de l'Histoire, en même temps qu'elle lui donne une dimension primitive et originelle (« *chaos* », « *volcans* », « *déluges* », « *cataclysmes* »). L'ambiguïté de la description de cette nature participe à l'évocation d'une anti-Création,

d'une anti-Genèse : l'amertume de Flaubert est amère quand il transcrit au sein de l'écriture sa vision désenchantée d'un monde qui dénature la Nature, qui rend la Genèse apocalyptique.

Conclusion

Ainsi, la fuite de Frédéric dans la nature est vaine, cette dernière devenant ici le reflet de la double histoire vécue, ou non vécue, par Frédéric : reflet de son histoire sentimentale avec Mme Arnoux ; reflet de son histoire avec la politique. Mais au-delà de l'histoire et au-delà des personnages, la voix du narrateur laisse entendre celle de l'écrivain qui, lucide, rend compte d'un certain pessimisme concernant les rapports qu'entretient un individu avec la société.

Texte C. Proposition d'un plan de commentaire composé en vue de l'écrit

Pierre et Jean, roman réaliste écrit par Maupassant (1888), raconte l'histoire de l'éclatement d'une famille. Pierre et Jean sont les fils de Monsieur et Madame Roland, lesquels viennent d'apprendre de leur notaire la nouvelle de l'héritage de Jean. Pierre, que la nouvelle mécontente, sort se promener seul, alors qu'il fait nuit, dans les rues du Havre. Ses pas le dirigent vers le port et face à la mer, il essaie de remettre de l'ordre dans son esprit. Mais le spectacle de la rade qui s'offre à lui ne fait que confirmer son sentiment de vulnérabilité, la nature portant en son sein les traces de la conscience bouleversée du personnage. Il s'agira d'analyser comment Maupassant, grâce à une description poétique de la rade qui relève davantage d'une focalisation interne, parvient à souligner **la vulnérabilité de l'individu qu'est Pierre, face à la société qui l'entoure**. À la description du paysage (I) se superpose le dévoilement de l'intériorité de Pierre (II), permettant à Maupassant de porter un regard amer sur les relations humaines (III).

I – La description du paysage qui oscille entre un univers réaliste et un univers fantasmagorique

1. Une description proche de l'art pictural
2. L'immensité d'un espace ambivalent
3. La dimension fantastique du paysage

II – L'intériorité de Pierre dévoilée

1. La description du paysage se fait essentiellement en focalisation interne
2. L'obsession de Pierre quant à la gémellité : l'insistance sur le chiffre deux
3. Ses sentiments dévoilés : l'horreur, le dégoût

III – Une lecture allégorique : la vulnérabilité de l'Homme face à la société qui l'entoure

1. La promenade vue comme une échappatoire vaine
2. Passivité du personnage face aux éléments qui se déchaînent
3. L'espoir de la fuite : cf. « *les feux des bâtiments à l'ancre attendant la marée prochaine* »

Cette description de la rade, relevant d'un réalisme subjectif qui traduit la vision hallucinée du personnage, nous permet donc de rentrer subtilement dans la conscience de Pierre. Le personnage, voulant « *prendre l'air* » comme il l'avoue peu après à son frère, ne voit dans la rade que le reflet de sa propre existence. S'il se sent vulnérable face à cet immense paysage dont la description matérialise son angoisse, c'est néanmoins de cette rêverie que proviendra le désir de fuite, la mer devenant une évasion possible de la terre, un autre lieu de liberté.

Proposition d'une œuvre cursive en rapport avec le parcours : Flaubert, *L'Éducation sentimentale* (1869) : à l'école du désenchantement[1]

Ces pistes de lecture justifient l'inscription du roman de Flaubert dans le parcours « Individu, morale et société » et concernent la deuxième partie de l'ORAL, pendant laquelle le candidat devra présenter, de façon argumentée, une œuvre cursive de son choix.

Œuvre inclassable, *L'Éducation sentimentale* (1869) est un roman polymorphe, dans lequel se mêlent les ingrédients du roman d'inspiration autobiographique, du roman historique, du roman d'apprentissage et du roman d'analyse. « *Roman "anti-romantique" ou sonnant définitivement le glas du romantisme* » (selon Henri Guillemin). *L'Éducation sentimentale* est aussi une œuvre profondément moderne, un récit extralucide sur la déception, le désenchantement.

Le pessimisme flaubertien se manifeste dans ce roman, l'écriture permettant à l'écrivain d'exposer sa vision désenchantée du monde, et **critiquant amèrement la société castratrice d'un éventuel épanouissement de l'individu.** Néanmoins, *in fine*, Flaubert sauve son roman d'un vide désespérant, et offre une réflexion sur la construction d'un individu.

1. L'édition de référence pour notre étude est la suivante : Gustave Flaubert, *L'Éducation sentimentale*, édition Pierre-Marc de Biasi, Paris, Le Livre de Poche, coll. « Les Classiques de Poche », 1972.

1. La vision désenchantée de la société : pessimisme flaubertien ? « *On se réfugie dans le médiocre, par désespoir du beau qu'on a rêvé* » (p. 401).

En effet, d'emblée, le roman bascule dans la parodie généralisée : les deux rubans que l'on déroule évoqués dès l'incipit annoncent une superposition de modulations, la modulation sentimentale, et la modulation politique. Mais dans les deux cas s'exprime la vision désenchantée de Flaubert, non seulement en matière d'illusion sentimentale, ce qui sera symbolisé par l'épisode de la vente aux enchères, mais aussi en matière d'illusion politique.

Le roman est à l'image de l'Art industriel, « *posé au point central de Paris,* [...] *un lieu de rendez-vous commode, un terrain neutre où les rivalités se coudoyaient familièrement* » (p. 87). Si Flaubert se montre équidistant à l'égard des deux partis, c'est qu'il condamne de la même manière leur « *égalité dans la sottise* », et ce notamment au début de la 3e partie : il s'agit d'une « *égalité de bêtes brutes* », c'est pourquoi la critique attaque férocement à la fois les insurgés et la bourgeoisie : « *le bonnet de coton ne se montra pas moins hideux que le bonnet rouge* » (p. 501). Flaubert se montre alors équidistant, **renversant d'abord le lieu commun du « *beau peuple* »** – ce « *peuple sublime* » selon Frédéric – de février 1848, cette « *canaille* », cette « *populace* » composée par des « *galériens* », des « *prostituées* », des voyous, qui saccagent les Tuileries, volant, détruisant, animés d'une « *joie frénétique* » (p. 430-432). **Mais la critique flaubertienne atteint aussi sévèrement la bourgeoisie**, à travers notamment la figure du Père Roque – à la fin du chapitre –, prototype du héros bourgeois de juin 1848, qui tire un coup de fusil sur un prisonnier, un « *jeune adolescent blond* » demandant du pain, mais qui s'estime néanmoins « *trop sensible* ». La bourgeoisie est aussi sévèrement attaquée à travers la figure de M. Dambreuse, ce « *baromètre* » versatile, qui change de comportement en fonction de la situation politique et « *adopt*[e] *de grand cœur notre sublime devise : Liberté, Égalité, Fraternité, ayant toujours été républicain, au fond.* » (p. 441). La devise de ce personnage, « *Par toutes voies* », est révélatrice de **l'opportunisme triomphant**. Delmar lui aussi devient l'allégorie du caractère versatile de l'Homme, lui qui « *modifie et perfectionne son nom d'après sa gloire naissante* » (II, 1 p. 205), « *s'appelant tantôt Auguste Delamare, puis Anténor Dellamarre, puis Delmas, puis Belmar, en enfin Delmar* ».

Tous les personnages sont finalement des « *têtes de veau* » comme l'exprime de manière énigmatique Compain : le nom même du « *Club de l'Intelligence* », qui pourtant « *donnait bon espoir* », est antiphrastique : la séance (p. 454) devient une réunion cacophonique et babélienne, et la seule parole intelligente provient de la bouche de Frédéric qui s'exclame : « C*'est absurde à la fin ! personne ne comprend !* » D'ailleurs, toutes les discussions qui envahissent le roman sont révélatrices de cet univers cacophonique, qui tend à discréditer tous les personnages. La superficialité des propos est constamment ironisée : au sein de l'Art industriel, « *les cancans, les discussions s'entrecroisent* » (p. 90) ; chez les Dambreuse, « *les cancans se déroulent* » (p. 216) et les personnages « s*'en tiennent aux lieux communs les plus rebattus* ». L'ironie de Flaubert condamne **l'inanité de la parole qui envahit le roman** ; même lorsque Frédéric tente d'échapper à des propos ineptes, énoncés chez Mme Dambreuse sur les domestiques (p. 216), il retrouve la même ineptie chez Rosanette (p. 219).

Le roman nous présente donc la part bestiale de l'Homme, incapable de propos cohérents. On peut noter d'ailleurs l'omniprésence des métaphores animales pour décrire les comparses de *l'Éducation sentimentale* : ces métaphores atteignent non seulement le monde adulte ; Hussonnet contrefait le coq, Dussardier a la « *physionomie d'un bon chien* », Frédéric qualifie Mme Arnoux de « *dinde* », la Vatnaz a « *les ondulations d'une panthère* » ; mais encore le monde des enfants : Louise a une « *grâce de jeune bête sauvage* », Marthe se déplace « *comme un chat* » ; Mme Arnoux entend un chien aboyer quand son fils, malade, tousse, et l'enfant de Rosanette est saisi d'emblée dans sa dimension animale par Frédéric, qui voit « q*uelque chose d'un rouge jaunâtre, extrêmement ridé, qui sentait mauvais et vagissait* » (p. 570), ou par Pellerin, qui le comparera à un crapaud. Rosanette, dont la démarche est comparée à celle d'une couleuvre, semble subsumer toute cette bestialité : la description de son appartement (p. 200) exploite à loisir les images animales, le cygne, l'autruche, la volière. Ce personnage sera d'ailleurs peint avec un paon, et épousera finalement M. Oudry qui non seulement porte le nom du peintre animalier, mais a « *les* *cheveux frisés naturellement comme les poils d'un caniche»* et est doté de «*la bosse des animaux, visible sur son front»*, comme nous le décrit avec humour le narrateur lors d'un dîner chez les Arnoux. Ce nivellement par le bas traduit bien là encore la vision désenchantée de Flaubert.

C'est pourquoi l'ennui est un *leitmotiv* dans ce roman, où finalement, rien ne se passe. Le chapitre 3 de la première partie inscrit l'ennui de Frédéric au cœur de la narration, dans une progression dramatique : «*les joies qu'il s'était promises n'arrivaient pas*», «*il tomba dans un désœuvrement sans fond*» (p. 70) ; «*il n'alla pas plus loin, et son désœuvrement redoubla*» (p. 74). **Fréderic a le sentiment de mener une «*existence intolérable*»**, et le mode itératif de ce désœuvrement est souligné : «*ainsi les jours s'écoulaient, dans la répétition des mêmes ennuis et des habitude contractées*» (p. 75). Ce sentiment d'ennui contamine l'ensemble des personnages : Deslauriers bâille en écoutant Frédéric raconter son amour d'adolescence ; chez les Dambreuse, tous paraissent s'ennuyer (p. 255) ; chez Frédéric tous bâillent ; même Mme Dambreuse cède «*par ennui*» à Frédéric (p. 550). Il s'agit d'un ennui existentiel, proche du sens pascalien, qui donne à Frédéric l'envie de mourir, ce que la narration exprime souvent, par exemple à la page 129 : «*pour se débarrasser de lui-même, il sortait*». Frédéric est sur le point de se suicider (p. 145), il voit même son «*cadavre flottant*» dans la Seine ; quand Deslauriers se rapproche de Sénécal (I, 6 p. 167), il a «*envie de mourir*», tout comme à la page 320, quand il se promène sur le champ de Mars en compagnie de Rosanette, et qu'il voit Mme Arnoux et Mme Dambreuse. Dans la deuxième partie il verra même, dans une hallucination, sa mère en deuil, avant de partir se battre en duel avec Cisy (p. 345), et entend le chant funèbre du «*De profundis*».

Ainsi, le roman semble rassembler une «*collection de fruits secs*», propre à traduire le cynisme de Flaubert face à une société empêchant l'individu d'exister.

2. Pourtant, in fine, Flaubert «*sauve*» son récit «*d'un vide désespérant*», selon Isabelle de Lisle : malgré tout, le roman nous offre une «lueur d'espoir», même vacillante.

En effet, Flaubert, au début du chapitre 6, nous présente un héros anéanti libidinalement : «*la véhémence du désir, la fleur même de la sensation était perdue*». **Pourtant, après avoir éteint le désir, Flaubert le fait renaître de manière fulgurante** avec la dernière rencontre de Mme Arnoux : le pessimisme n'est donc pas total, ni définitif. Ce chapitre 6 reconfigure en effet le désir dans tout ce qu'il a de plus puissant, et le désir physique s'inscrit brusquement dans la réalité : «*il sentait sur son front la caresse de son haleine, à travers ses vêtements le contact indécis de tout son corps*» ; «*il lui dit, presque défaillant "la vue de votre pied me trouble"*» (p. 619). Cette scène reconfigure donc le désir, de manière la plus brutale : «*il était repris par une convoitise plus forte que jamais, furieuse, enragée.*». Quant à Mme Arnoux, elle semble avoir même dépassé Frédéric en matière d'idolâtrie amoureuse, évoquant «*le banc Frédéric*» sur lequel elle écoute ses «*paroles revenir comme un écho lointain*». Ce chapitre 6 nous offre donc une lueur d'espoir ; Flaubert reconfigure *in fine* l'idéal sentimental, comme étant propre à sauver le roman du pessimisme généralisé.

D'autre part, si la quasi-totalité des comparses de *l'Éducation sentimentale* semblent être «*un tas de farceurs*», comme l'exprime Hussonet, **les personnages ne sont pas tous blâmés de manière catégorique**, et certains ont des côtés touchants, comme M. Arnoux que tout le monde abandonne dès qu'il est menacé de ruine, ou Louise qui pleure ses péchés (p. 170) car elle a imaginé être la femme de Frédéric, et «*pleure abondamment, de tout son cœur*» (III, 2) quand elle prend conscience de la trahison de Frédéric. Frédéric lui-même, de temps à autre, adopte les caractéristiques d'un héros positif et peut avoir des moments de lucidité : on pense à ses velléités au moment du duel avec Cisy, ou lors du dîner Dambreuse pendant lequel il exprime son mécontentement face à l'hypocrisie de ce monde – «*la pourriture de ces vieux l'exaspérait*» (p. 364). **Deux personnages sont même décrits comme étant des allégories du sacrifice** : il en est ainsi de Mme Arnoux, décrite (p. 419) comme une héroïne tragique qui «*offrit à Dieu, comme un holocauste, le sacrifice de sa première passion, de sa seule faiblesse*». Figure du sacrifice, elle refuse même le divorce à cause de ses enfants. La deuxième allégorie du sacrifice se dessine sous les traits de Dussardier, qui incarne la lutte pour la Justice, au-delà des partis, au-delà de ces « *masses sombres* ». Dussardier est caractérisé par sa force et par sa grandeur d'âme : héros hugolien et proche de Jean Valjean, il a la force d'un « *Hercule* », est raillé par les mégères qui l'accusent d'avoir volé du pain lorsqu'il est emmené en prison pour avoir pris la défense d'un faible (I, 2), et se met à pleurer à chaudes larmes quand Frédéric, à la manière d'un Arnoux, lui offre des cigares – et non plus des chandeliers comme dans les *Misérables*. C'est encore Dussardier qui impose le « *silence* » aux jeunes bohèmes vantards et superficiels qui envahissent l'appartement de Frédéric, espérant se marier avec la seule femme qu'il aura aimée. Allégorie de la générosité, il sauvera trois Dragons en février 1848, et un jeune gavroche en juin 1848, recevant à sa place une blessure. Symbolisant la désillusion d'une classe ouvrière qui avait placé tous ses espoirs dans la République, il se laisse mourir, comme le laisse envisager la dernière entrevue avec Frédéric (III, 4) pendant laquelle il dit cette parole funeste : « *J'ai envie de me faire tuer* ». Double de Flaubert, Dussardier véhicule l'idée que « *les ouvriers ne valent pas mieux que les bourgeois* », et s'offre en sacrifice, mourant, « *les bras en croix* », pour que « *Vive la République* ! ». Flaubert, dans un récit qui donne une vision désenchantée du monde, distingue pourtant nettement cette figure épique : Dussardier, c'est « l'autre », cet alter, qui n'a rien des comparses de *l'Éducation Sentimentale*, et qui est mis en valeur au sein même de l'écriture, par l'emploi de deux alexandrins successifs – « *Un hurlement d'horreur s'éleva de la foule* » ; « *et Frédéric, béant, reconnut Sénécal* ».

In extremis, Flaubert sauve donc son œuvre d'un pessimisme généralisé, et donne une lueur d'espoir à son lecteur qui, tel Frédéric, doit rester « *béant* ».

3. Ainsi, *L'Éducation Sentimentale* offre une réflexion sur la construction de l'individu par le biais d'une anti-éducation sentimentale : le roman nous révèle l'itinéraire initiatique de Frédéric.

L'Éducation sentimentale peut en effet être lu comme le récit d'un songe. Frédéric, « *nouvellement bachelier* », **semble vivre dans un rêve** (ou un cauchemar), et ce à partir du moment où, sur le bateau, il est « *ébloui* » par une « *apparition* » (p. 46). Dès lors, le traitement du temps appartient à la logique du rêve, ce qui se manifeste à travers les nombreux vertiges temporels que subit

Frédéric. Son arrivée à Paris, après l'annonce de l'héritage, au début de la deuxième partie, en est un exemple ; en effet, Frédéric, à moitié réveillé, voit la banlieue de Paris dans un double décalage. Il s'agit en effet du Paris de 1865, après les travaux d'Haussmann, alors que le récit se passe en 1846. D'autre part, Frédéric voit dans la banlieue son avenir défiler devant lui : les « *usines et les ouvriers en blouse* » annoncent les acteurs des évènements révolutionnaires ; les façades de « *cabaret rouge sang* » reflètent le sang versé durant la Révolution, ou les Clubs « rouges » ; *les* « *enseignes de sage-femme* » sont l'anticipation de la maison d'accouchement de Rosanette ; enfin, les « *affiches* [...] *déchirées* » évoquent déjà celle, funeste, placardée sur la porte des Arnoux au moment de la saisie immobilière. Toutes ces confusions invitent le lecteur à lire, non plus le roman de Frédéric, mais le récit d'un songe. D'autre part, la logique du rêve peut expliquer **la superposition des décors** ; ainsi, le décor du château de Fontainebleau, avec ses « *ballets mythologiques, assemblant sous le feuillage des princesses et des seigneurs travestis en nymphes et en sylvains* » (p. 139) est sensiblement ressemblant au décor de l'Alhambra, et Rosanette s'exclame même « *Ça rappelle des souvenirs* ! » ; on retrouve d'ailleurs dans la description du château celle du pavillon de Saint-Cloud, avec la même sensation de moisissure et de « *parfum de momie* ». C'est dans cette logique qu'on retrouve le même bahut chez les deux femmes, le même lustre « *en vieux Saxe* », la même vaisselle, les mêmes cadeaux (comme le cachemire offert par Arnoux aux deux femmes), et quand Frédéric pense à l'une, il voit l'autre. **Le motif du double** participe encore à ancrer le personnage dans un univers enchanté. Ce mécanisme des doublets analysé par Jean Rousset dans *Madame Bovary* est en effet au cœur du roman, et notamment dans l'évocation de Mme Arnoux et de Rosanette, doublets féminins, antithétiques voire contradictoires, mais qui se mêlent dans l'esprit d'Arnoux, de Frédéric et même de l'écrivain, en témoigne la comparaison à la musique : « *la fréquentation de ces deux femmes faisait dans sa vie comme deux musiques* : *l'une folâtre, emportée, divertissante, l'autre grave et presque religieuse, et, vibrant à la fois, elles augmentaient toujours, et peu à peu se mêlaient* ». Frédéric devient un héros de rêve, ou plutôt se rêve en héros, se met en abîme dans un roman qu'il n'écrira jamais : « *Sylvio, le fils* *du pêcheur*». Cette logique du rêve explique pourquoi le narrateur nous présente, dès ses premières promenades parisiennes, un héros «*perdu dans un monde lointain*», qui a l'impression de vivre «*un mode nouveau d'existence*», ou bien qui, au début de la deuxième partie, «*alla chez Arnoux, comme soulevé par un vent tiède et avec l'aisance extraordinaire que l'on éprouve dans les songes*» (p. 186).

On suit donc **l'itinéraire d'un personnage euphorique, d'un «énervé»**, et dès la publication du roman, René Saint-Taillandier, dans *La Revue des deux mondes,* soulignera le rapprochement à faire entre l'énervement du personnage et «l'énervation», cette atrophie des nerfs. Le roman peut-il alors se lire comme étant la réécriture des *Mémoires d'un fou*? Frédéric, à la limite de la schizophrénie, est souvent en proie à une hallucination, où il «*se voit*» tel «*un cadavre flottant*» dans la Seine, ou dans une cour d'assises, rêvant d'éloquence politique (p. 444), ou sur le dos d'un dromadaire avec Mme Arnoux – lors de sa promenade au Jardin des Plantes –; il voit même la fille qu'il n'aura jamais (p. 531). Le roman de Flaubert nous fait voir une succession d'images mentales de Frédéric: Paris devient la scène du théâtre mental de Frédéric, dans laquelle «*il retrouve au fond de chaque idée le souvenir de Mme Arnoux*» (p. 114).

Mais le personnage quitte cet univers enchanté, et le roman nous donne à voir **l'itinéraire initiatique d'un individu accouchant à la réalité.**

La structure circulaire du récit témoigne bien d'un désenchantement à l'œuvre. Ainsi, le chapitre 6 vient conclure le phénomène d'éblouissement dû à la scène de rencontre sur le bateau, et des phrases se répondent en écho: au «*ce fut comme une apparition*» de l'incipit, répond «*ce fut comme un heurt en pleine poitrine*» de la page 619. Tandis que seuls «*leurs yeux se rencontrèrent*» sur le bateau, «*leurs mains se serrèrent*» dans la rencontre finale.

L'Éducation Sentimentale peut alors se lire comme un roman des origines, qui fait renaître le héros au monde, après un accouchement difficile. Jean-Pierre Richard pense que «*Flaubert veut inscrire le tohu-bohu et l'angoisse de l'expérience originelle dans la dureté rassurante du langage*», et l'expérience originelle de cet enfant qu'est Frédéric est un *leitmotiv.* Si notre héros a du mal à s'adapter au monde, a du mal à le percevoir, et semble échouer, c'est peut-être qu'il est l'allégorie de l'enfant devant sa mère, ne pouvant parler car il ne sait pas (« infans » signifie celui qui ne parle pas). **La figure maternelle envahit le roman et obsède Frédéric** : ce dernier tente d'échapper à sa mère, Mme Moreau, mais finalement tombe dans les bras d'une autre : Mme Arnoux (Flaubert envisageait au départ de nommer cette dernière Mme Moreau, à la place de la mère de Frédéric). La narration ne cesse d'insister sur la dimension maternelle de Mme Arnoux, qui est quasiment toujours accompagnée de Marthe ou d'Eugène. Frédéric ne cesse quant à lui d'éprouver des craintes enfantines vis-à-vis de cette femme, qui lui inspire même une « *crainte religieuse* », et est obsédé, comme un enfant, par ses robes (la deuxième fois qu'il la rencontre, il n'apercevra d'ailleurs que le bas de sa robe dans l'Art Industriel). Comme un enfant, Frédéric veut tout connaître de cette mère, va même jusqu'à l'épier en train de se coiffer à Creil, veut emporter un moulage de sa main, ce à quoi Mme Arnoux répondra « *Êtes-vous assez enfant, mon Dieu !* ». Tel un enfant, il l'écoute avec une certaine joie enfantine se disputer avec son mari. Le complexe d'Œdipe, théorisé par Freud, est donc au cœur de *L'Éducation sentimentale*. Lorsque Marthe s'en va en pension, il n'hésite pas à prendre la place de cette dernière, et, lors de la dernière entrevue avec Mme Arnoux, se jette aux genoux de celle qui représente l'idéal maternel, prenant la place de ses enfants (la narration nous représente souvent Mme Arnoux assise, ses enfants à genoux auprès d'elle). C'est d'ailleurs lors de la dernière entrevue que Frédéric est effrayé par son désir – « *l'effroi d'un inceste* » –, et que Mme Arnoux le « *bais*[e] *au front comme un enfant* », avant de disparaître du récit.

Une naissance a eu donc bien lieu : celle d'un héros au monde. Madame Arnoux, cette force centripète du récit, qui « *était le point lumineux où l'ensemble des choses convergeait* », disparaît après avoir proclamé l'identité de Frédéric : « C*'est lui ! c'est donc lui !* » (III, 6). Cette formulation, réécriture du « *Ecce homo* » des Évangiles, donne une dimension quasi-religieuse au héros : la madone de la scène de rencontre, qui ressemble étrangement à une Vierge de Raphaël, et qui porte le nom de Marie, qui vit rue du Paradis à un moment donné, et dont le visage est voilé lors de la dernière visite, donne naissance à ce héros en lui transmettant sa nature divine. Elle réitère d'ailleurs sa proclamation d'identité à la fin de ce chapitre : « *Il n'y a que vous ! Il n'y a que vous !* ». La négation restrictive hyperbolise cette reconnaissance et donne vie à ce héros tout en niant l'existence des autres comparses qui défilent tout au long du récit. Double antithétique de Rosanette, qui n'a pu mettre au monde qu'un nouveau-né bien vite enterré, Marie Arnoux immortalise son enfant qui devient alors la figure qu'on regarde : son identité ayant été révélée, Frédéric cesse de se regarder, commence véritablement à vivre (au lecteur d'imaginer cette vie active qui se déploie dans l'ellipse temporelle qui suit).

Ainsi, *L'Éducation Sentimentale*, roman qui fragilise les idées reçues, manifeste bien le pessimisme de Flaubert, ce dernier exposant sa **vision désenchantée du monde**. Mais ce pessimisme n'est pas absolu, et le lecteur doit pouvoir saisir la lueur d'espoir qui se dégage du roman. Le lecteur, à l'instar de Frédéric, doit quitter l'espace « enchanté » d'un récit de rêve, ce qui lui permet de dépasser la lecture pessimiste d'une œuvre amplement décriée dès sa publication.

Œuvre suspensive, *L'Éducation sentimentale* **semble douter de tout, de l'Homme, de la morale, de la société**, et la polémique se mue en scepticisme. Mais le projet de Flaubert est plus audacieux, et, tout en niant le roman lui-même, il invite le lecteur à en saisir la dimension onirique, car de cette expérience du néant pourra alors renaître un nouveau personnage, lucide, éduqué. La vision désenchantée n'est donc pas si pessimiste, et le lecteur, refermant le livre, peut s'exclamer, à l'instar de Madame Arnoux, et à la destination de Frédéric : « *N'importe ! Nous nous serons bien aimés !* »

Entraînement et corrigés

La dissertation pour la série générale

Proposition de sujets

- Bachelar, dans la *Poétique de l'espace* (1957) étudie l'espace romanesque de la maison en y reconnaissant à la fois un espace protecteur, un « *coin où se blottir* » et « *un état d'âme* ». Cet espace de l'intimité, souvent créé en opposition à un lieu ouvert, est un refuge qui non seulement protège le sujet, mais le reflète et en révèle la nature profonde.

Vous discuterez ce propos, en vous demandant notamment quel(s) rôle(s) joue Coulommiers dans la vie de la princesse. Votre réflexion pourra également s'ouvrir à d'autres espaces romanesques de l'intimité que vous avez découverts au gré de vos lectures complémentaires et personnelles.

- « *Le thème de tout roman, c'est le conflit d'un personnage romanesque avec des choses et des hommes qu'il découvre en perspective à mesure qu'il avance, qu'il connaît d'abord mal, et qu'il ne comprend jamais tout à fait.* »

Alain, *Système des Beaux-Arts* (1920),
livre X « De la prose », chap. 8 « Des personnages ».

Dans quelle mesure ce propos éclaire-t-il votre lecture de *La Princesse de Clèves* et de son parcours associé ? Vous répondrez en vous appuyant sur votre lecture du roman de Mme de Lafayette, ainsi que sur vos connaissances culturelles et vos lectures personnelles.

▸ *« Le vrai roman, c'est celui dont la signification dépasse l'anecdote, la transcende vers une vérité humaine profonde, une morale et une métaphysique. »*

Robbe-Grillet, *Pour un nouveau roman* (1963)*

En quoi cette définition s'avère-t-elle pertinente ? Vous répondrez en vous appuyant sur votre étude de *La Princesse de Clèves* et son parcours associé intitulé « Individu, morale et société ».

Un exemple de dissertation intégralement rédigée

Ce sujet, portant sur les romans axés sur une aventure misérable, doit faire réfléchir sur l'œuvre au programme mais permet d'élargir la réflexion et d'intégrer les lectures complémentaires.

Le sujet porte à la fois sur la redéfinition du genre romanesque et sur les fonctions du roman, problématiques inhérentes au parcours « Individu, morale et société ».

L'art du romancier est-il de donner à une misérable aventure la dignité d'une tragédie ?

Vous traiterez ce sujet en vous appuyant sur votre lecture du roman de Madame de Lafayette, *La Princesse de Clèves,* ainsi que sur vos connaissances littéraires et culturelles et sur vos lectures personnelles.

Amorce

Le roman, genre marginalisé dès ses origines, fut longtemps considéré comme un genre bas, presque méprisé face aux genres nobles de la poésie et du théâtre. Ainsi, au XVIIe, Boileau, dans son *Art poétique,* exclut le roman en l'accusant de superficialité. Pourtant, la définition du genre pose problème, et si le roman nous donne souvent à lire une misérable aventure, les accents tragiques confèrent au genre une certaine dignité propre à le rétablir dans la classification des genres nobles.

Présentation de l'œuvre intégrale en fonction du sujet.

C'est dans cette perspective qu'œuvre Madame de Lafayette qui, à travers *La Princesse de Clèves* (1678), tente de redéfinir le roman comme un genre subsumant les ingrédients du roman d'aventures hérité de l'épopée et les ingrédients de la tragédie chère au Grand Siècle. Mais l'art du romancier n'est-il que de donner à une misérable aventure la dignité d'une tragédie ? Son projet n'est-il pas plus ambitieux ? Le roman n'est-il pas ironique au sens étymologique, c'est-à-dire qu'il n'a de cesse d'interroger la société, la politique, le sentiment, laissant souvent le lecteur méditer sur la condition humaine ? Ce questionnement nous invite à analyser comment le roman, genre abolissant les frontières génériques, parvient à susciter la réflexion du lecteur.

Analyse du sujet, ici présentée sous forme de questions, qui conduit à une problématique.

Annonce du plan dialectique :

I – Certes (confirmation de la thèse)

II – Néanmoins (réfutation de la thèse)

III – Quoiqu'il en soit (dépassement de la thèse)

Si le roman, et en particulier *La Princesse de Clèves*, se plaît à retracer une aventure tragique, néanmoins l'aventure proposée au lecteur n'est pas seulement « misérable » : elle est le point de départ d'une réflexion sur la complexité humaine, sur les grandeurs et les misères de l'Homme. Quoiqu'il en soit, ce type de roman ne se résume pas à révéler une misérable aventure : il témoigne d'une redéfinition du genre qui veut se rapprocher de la vérité des hommes, située entre l'aventure misérable et l'idéalisation tragique.

Introduction partielle, qui annonce les enjeux de la première partie.

Tout d'abord, l'aventure tragique semble être au cœur du genre narratif, mettant en place un héros seul contre tous, soumis à l'aliénation de la passion, ce qui provoque un destin funeste.

Premier argument, suivi de la démonstration de sa validité en prenant appui

Le roman met souvent en place un schéma actantiel dans lequel le héros est seul contre tous. En effet, dans *La Princesse de Clèves*, l'objet de la quête du sujet (la princesse) est la vertu. Le

sur l'œuvre intégrale et les lectures complémentaires.

destinateur principal, qui pousse le sujet à agir, est sa détermination à vaincre la passion. Dans cette quête, l'adjuvant principal est la mère de la princesse, Madame de Chartres, mais qui disparaît bien vite du récit, sa mort prématurée laissant l'orpheline en position de vulnérabilité. Par contraste, les opposants sont nombreux, rassemblant non seulement le duc de Nemours mais la Cour en général. D'ailleurs, dès la première présentation de la jeune fille, le narrateur la décrit comme une force centripète, qui « *attir[e] tous les regards* », formulation déjà utilisée pour présenter l'héroïne éponyme de *La Princesse de Montpensier* (1662) et qui insiste sur la solitude de l'héroïne confrontée à un monde de prédateurs. Les titres choisis par Madame de Lafayette sont de ce fait révélateurs de l'isolement que subissent les héroïnes éponymes. Mais ce *topos* de la solitude de l'Homme est repris par un grand nombre de romanciers : Victor Hugo, dans *Les Misérables* (1862), place Jean Valjean dans un monde qui le rejette, comme le fait entendre la dimension métaphorique du navire abandonnant le naufragé dans le chapitre intitulé « L'onde et l'ombre » (I, 2, VIII). Maupassant ou Flaubert reprennent eux aussi ce motif, retraçant le parcours de Pierre ou de Frédéric réalisant leur inadéquation à la société dans *Pierre et Jean* (1888) et *L'Éducation sentimentale* (1869). Le sentiment de solitude exacerbé donne alors une résonance tragique à l'aventure misérable du héros.

Bilan

Deuxième argument, suivi de la démonstration de sa validité en prenant appui sur l'œuvre intégrale et les lectures complémentaires.

Cette aventure misérable est accentuée par le fait que le héros est soumis à l'aliénation de la passion. Le thème de la passion amoureuse est un *leitmotiv* omniprésent dans le genre romanesque, la passion étant l'une des sources les plus fécondes de la littérature. Ainsi le héros est menacé par un coup de foudre fatal qui déclenche la spirale passionnelle : tel est le constat que fait le lecteur dans *L'Éducation sentimentale*, lorsque Frédéric rencontre Madame Arnoux sur le bateau : le temps est suspendu et provoque la projection du héros dans un univers fantasmé. De nombreux romanciers mettent en scène les scènes de rencontre, de façon plus ou moins parodiques, comme celle d'Aurélien et de Bérénice dans le roman de Louis Aragon, *Aurélien* (1944). Mais la particularité de l'écriture de Madame de Lafayette est de renforcer l'intensité dramatique de l'intrigue en juxtaposant presque deux scènes de coup de foudre, séparées néanmoins par le mariage de Mademoiselle de Chartres. La première, relevant du roman précieux, est une scène romanesque : c'est chez un joaillier italien que le prince de Clèves s'éprend de la jeune fille, dès le lendemain de l'arrivée de cette dernière à la Cour. La deuxième scène de rencontre fait pendant à la première, avec une progression dramatique puisque cette fois-ci, le coup de foudre est réciproque : néanmoins, la jeune fille est désormais mariée. Dans tous les cas, le coup de foudre est fatal et provoque l'aliénation de l'individu qui est alors confronté à un dilemme entre la Raison et la Passion, héritage cornélien.

Bilan

Troisième argument, suivi de la démonstration de sa validité en prenant appui sur l'œuvre intégrale et les lectures complémentaires.

L'aliénation de l'individu provoque alors un destin funeste, accentuant le caractère tragique de l'aventure misérable. Le personnage a bien conscience que les désordres du monde entraînent un désordre intérieur, comme l'avoue la princesse à son mari dont les paroles ont un double sens pour le lecteur averti : « *Le tumulte de la Cour est si grand qu'il est impossible que le corps et l'esprit ne se lassent et que l'on ne cherche du repos* ». Par conséquent, la princesse cherche un refuge à l'écart de la Cour pour retrouver la sérénité du corps et de l'âme, mais Coulommiers devient l'espace tragique dans lequel l'intimité est violée par le regard intrusif de Nemours qui épie la jeune femme à deux reprises, lors de la scène d'aveu au mari et lors de la scène du pavillon. Le refuge du héros dans l'espace privé, ou dans la nature, semble vain, et la nature peut même être le reflet des désordres du monde, comme c'est le cas dans la description de Frédéric dans la forêt de

Fontainebleau (dans *L'Éducation sentimentale*) qui se fait l'écho de la violence historique, en témoigne la surenchère du lexique de la violence – « *furie* », « *chaos* », « *volcans* », « *déluges* », « *grands cataclysmes* », qui confère à la nature une dimension apocalyptique, renvoyant non seulement au désastre de l'Histoire mais aussi à celui de l'histoire personnelle du héros. Par conséquent, le destin de l'individu soumis à la passion est funeste et se solde souvent dans la folie ou dans la mort : en témoignent les fins de *La Princesse de Montpensier* (1662) de Madame de Lafayette, de l'*Histoire du chevalier Des Grieux et de Manon Lescaut* (1731) de l'Abbé Prévost, ou de *Tous les matins du monde* (1991) de Pascal Quignard.

Bilan

L'aventure misérable se conclut par la fermeture de l'espace et du temps, révélatrice d'une tension à la mort.

Conclusion partielle et transition, avec la présentation des enjeux majeurs de la deuxième partie.

Ainsi, l'aventure misérable au cœur du genre narratif acquiert une dimension tragique et les composantes tragiques du roman sont dès lors susceptibles d'inspirer terreur et pitié. Néanmoins, l'aventure n'est pas seulement « misérable » : elle est le point de départ d'une réflexion sur la complexité humaine, sur la grandeur et la misère de l'Homme.

Premier argument, suivi de la démonstration de sa validité en prenant appui sur l'œuvre intégrale et les lectures complémentaires.

Si l'aventure que nous offre le romancier s'inscrit souvent dans un cadre spatio-temporel bien précis, il n'en demeure pas moins que **l'anecdote laisse place à la fable**. En effet, l'intrigue romanesque peut s'inscrire dans l'Histoire de France, comme c'est le cas dans *L'Éducation sentimentale* dont l'histoire débute « *le 15 septembre 1840, vers six heures du matin* » et met en place un personnage, Frédéric, plongé dans le contexte houleux des dernières années de la Restauration. La fiction dans *La Princesse de Clèves* est elle aussi datée puisqu'elle se déroule sur une année, qui englobe les derniers mois du règne d'Henri II (novembre 1558) et le début du règne de François

II (novembre 1559). Il en est de même pour *Les Misérables* de Victor Hugo ou encore *Le Rouge et le Noir* de Stendhal. *A priori*, ces récits sont donc ancrés dans un univers délimité, c'est d'ailleurs la raison pour laquelle Madame de Lafayette présente son roman comme des « *mémoires* ». Néanmoins, cette inscription dans un cadre historique réel a surtout pour fonction de donner de l'ampleur à l'intrigue en lui assurant un caractère vraisemblable. Ainsi le récit devient le support d'une réflexion sur des thèmes universels qui dépassent l'anecdote et qu'on retrouve à chaque époque : l'*Eros* contrarié, l'inconstance et le libertinage, la duplicité et l'hypocrisie. C'est d'ailleurs l'universalité des thèmes choisis qui expliquent les nombreuses réécritures cinématographiques qui permettent d'actualiser l'intrigue en la transposant au XXe, comme l'adaptation de Manoel de Oliveira, *La Lettre* (1999), dans laquelle Nemours devient un chanteur de rock portugais, ou la version d'Andrzej Zulawski, *La Fidélité* (2000) ou, plus récemment, *La Belle personne* (2008) de Christophe Honoré dont l'intrigue est transposée dans le cadre d'un lycée parisien huppé, au sein duquel une lycéenne, Junie, en couple avec Otto, s'éprend de Nemours, son professeur d'italien. L'anecdote laisse donc place à la fable, permettant au lecteur de réfléchir la complexité de l'Homme.

Bilan

Deuxième argument, suivi de la démonstration de sa validité en prenant appui sur l'œuvre intégrale et les lectures complémentaires.

Le romancier s'attache dès lors à révéler la complexité humaine, créant des personnages ni tout à fait coupables, ni tout à fait innocents, ce qui constitue la définition du héros tragique si l'on en croit la *Poétique* d'Aristote, mais au-delà, qui constitue aussi la définition de l'Homme en général, cette dualité étant au fondement de la nature humaine. Ainsi en est-il de Nemours, dont le premier portrait hyperbolique en fait l'incarnation de l'idéal de l'honnête homme puisqu'il est un « *chef-d'œuvre de la nature* », « *le mieux fait et le plus beau* », et d'« *une valeur incomparable* ». Mais le duc n'en reste pas moins un galant harcelant la princesse et prenant à plusieurs reprises le rôle du voyeur. Le prince de Clèves quant à lui n'est pas épargné : personnage touchant et amoureux sincère, il est incapable de satisfaire le désir de sa femme et sa jalousie manifeste un certain amour-propre, ce qui actualise la maxime 324 de La Rochefoucauld : « *Il y a dans la jalousie plus d'amour-propre que d'amour.* » La princesse de son côté est certes une héroïne vertueuse mais dont la préciosité à certains moments reste assez irritante. La scène de l'aveu ne rend-elle pas compte d'une certaine cruauté à l'égard de l'époux ? Cette complexité inhérente aux personnages en fait des allégories de la condition humaine, autorisant dès lors l'identification possible du lecteur.

Bilan

Troisième argument, suivi de la démonstration de sa validité en prenant appui sur l'œuvre intégrale et les lectures complémentaires.

La complexité humaine permet à l'écrivain de s'attarder sur la grandeur et la misère de l'Homme. Les romans dans lesquels l'aventure est misérable offrent des récits dans lesquels l'héroïsme y coudoie l'ignoble (au sens étymologique). La polysémie du terme « misérable » est alors à prendre en considération et le sens pascalien du mot donne un nouvel éclairage à l'aventure narrée : « *Misère. La seule chose qui nous console de nos misères est le divertissement, et cependant c'est la plus grande de nos misères. Car c'est cela qui nous empêche principalement de penser à nous, et qui nous fait perdre insensiblement* » (Fragment 171). Ainsi tous les maux décrits à travers la fiction sont révélateurs du divertissement qui mine l'Homme et le détourne de ses préoccupations essentielles, l'empêchant de construire une identité. C'est la leçon de Madame de Lafayette, influencée par l'Augustinisme et par la fréquentation des moralistes du XVIIe tels La Rochefoucauld, Bossuet ou Pascal. Mais c'est aussi la leçon de Flaubert, même si ce dernier se montre beaucoup plus cynique, se plaisant à user de la métaphore animalière pour caractériser ses personnages emportés dans le tourbillon des divertissements procurés par la société, comme lors de la scène de bal chez

Rosanette. Néanmoins, Madame de Lafayette se montre indulgente et se souvient du fragment 397 de Pascal pour construire son personnage de *la* princesse de Clèves : « *La grandeur de l'homme est grande en ce qu'il se connaît misérable. Un arbre ne se connaît pas misérable. C'est donc être misérable que de* [se] *connaître misérable ; mais c'est être grand que de connaître qu'on est misérable.* » Pour pasticher Pascal, la princesse révèle sa grandeur en réalisant sa misère et en choisissant de fuir le monde terrestre et l'omniprésence de la *libido* pour se tourner vers les « *occupations saintes* ». L'Homme est donc capable de grandeur, malgré sa nature misérable.

Bilan

Conclusion partielle et transition, avec la présentation des enjeux majeurs de la troisième partie.

Quoiqu'il en soit, le roman ne se résume pas à raconter une misérable aventure offrant une méditation sur l'Homme : il témoigne d'une redéfinition permanente du genre qui veut se rapprocher de la vérité des hommes, située entre l'aventure misérable et l'idéalisation tragique.

Premier argument, suivi de la démonstration de sa validité en prenant appui sur l'œuvre intégrale et les lectures complémentaires.

Le roman, genre tellement déprécié, gagne en maturité à partir du moment où il devient une enquête sur le « moi » ; c'est d'ailleurs Madame de Lafayette qui ouvre la voie du roman d'analyse, comme le révèle Henri Coulet dans *Le Roman jusqu'*à la Révolution (1967) : « *Pour la première fois dans l'histoire du genre romanesque, la peinture du cœur est le principal objet d'un roman ; les faits lui sont subordonnés, l'analyse qui s'insérait dans les moments successifs du récit est devenue le récit lui-même* [...]. *Madame de Lafayette a supprimé la division* [...] *entre l'action et la psychologie* ». Ainsi, poursuit le critique, le récit relate « *les rapports entre une conscience individuelle et l'existence où elle est jetée au milieu des autres* ». La romancière s'attache en effet à analyser l'amour sur un plan personnel, et regarde les passions qui déconstruisent l'individu. Ses différents instruments d'observation sont nombreux, que ce soit le style indirect libre qui nous permet d'entrer dans l'intériorité du personnage, ou le soliloque qui permet de mettre à jour le conflit intérieur de la princesse, comme après l'épisode de la réécriture de la lettre perdue, ou le dialogue de confidences, voire même l'aveu, ces deux derniers manifestant la difficulté de communication lorsqu'il est question d'intimité à partager. Grâce à ces différents instruments d'observation, l'écrivain tente de sonder le cœur humain et d'analyser la psychologie humaine tout en révélant sa complexité. *La Princesse de Clèves* est un roman introspectif: c'est le roman du « moi », le roman de l'intime, de l'émotion intérieure, dont on retrouvera les ingrédients au XVIIIe dans *Manon Lescaut*, ou au XIXe dans *Les Misérables* ou *L'Éducation sentimentale*, chacun à sa manière retraçant le parcours d'une conscience. C'est en se focalisant sur l'individu que le roman gagne ses lettres de noblesse.

Bilan

Deuxième argument, suivi de la démonstration de sa validité en prenant appui sur l'œuvre intégrale et les lectures complémentaires.

En se rapprochant ainsi de la vérité des êtres, le roman devient édifiant; aussi la *catharsis*, qui était le propre de la tragédie, intervient dans le genre romanesque. Les figures du pédagogue fleurissent d'ailleurs dans le roman : on pense à Monseigneur Bienvenue dans *Les Misérables*, mais encore à Dussardier dans *L'Éducation sentimentale*, voire même à Renoncour dans *Manon Lescaut*, ce dernier permettant à Des Grieux d'« accoucher » de son aventure dans une perspective socratique. Chez Madame de Lafayette, les figures de pédagogue se multiplient grâce aux récits enchâssés qui offrent tous une leçon sur la vanité et la duplicité humaine : Madame de Chartres, le prince de Clèves, la Dauphine, ou le vidame de Chartres. Grâce à ces figures, la romancière met en garde contre le caractère destructeur de la passion, et si *La Princesse de Montpensier* nous présente l'anti-modèle d'une jeune femme dont l'aveuglement provoquera la propre mort, *La Princesse de Clèves* nous présente par contraste un modèle de Grâce et de Vertu qui résiste jusqu'au bout et sacrifie sa passion au service de la vertu. Ainsi le renoncement au monde et à la passion laisse place à la rédemption du personnage, faisant naître le véritable héros à la fin du roman, que ce soit dans *La Princesse de Clèves, Manon Lescaut* (avec la mort de Manon), *Les Misérables* (avec la mort de Jean Valjean) ou, de façon plus parodique, dans *L'Éducation sentimentale.* Dans cette perspective, le roman qui traite d'une aventure misérable n'est donc pas exempt d'enseignement, mais au contraire, tend à l'édification du lecteur.

Bilan

Troisième argument, suivi de la démonstration de sa validité en prenant appui sur l'œuvre intégrale et les lectures complémentaires.

Pour autant, le roman reste « *le seul genre en devenir, et encore inachevé* », comme le définit Mikhaïl Bakhtine dans son *Esthétique et théorie du roman* (1978). « *Le lecteur est dans la fable* », nous rappelle Umberto Eco, et doit participer à la reconstruction de l'œuvre jamais figée, s'attachant à trouver « *la petite monnaie dans les interstices* » selon la jolie formule de Roland Barthes. C'est pourquoi le roman de Madame de Lafayette fait preuve d'une certaine ambiguïté, l'écrivain, contrairement à Madame de Chartres, n'étouffant pas son lecteur et le laissant face à des questions non résolues. En effet, si le lecteur sait ce qu'il ne faut pas faire, la romancière ne dit pas clairement ce qu'il faut faire : comment régler sa vie pour atteindre le bonheur ? En quoi consiste cette « vertu » dont la princesse fait preuve à la fin de sa vie ? Quelles sont les « *occupations saintes* » de l'héroïne ? Le roman reste en corollaire ouvert et ne cesse d'interroger le lecteur. D'autre part, la pluralité de lectures est autorisée : pour le lecteur contemporain de Madame de Lafayette, une lecture augustinienne semble s'imposer, *La Princesse de Clèves* retraçant le parcours de l'allégorie de la Beauté se transfigurant en allégorie de la Vertu. Mais pour le lecteur du XXe ou du XXIe, d'autres lectures sont envisageables. En effet, sans forcer le trait, la lecture psychanalytique est séduisante : ce roman ne met-il pas en scène le complexe d'Œdipe, théorisé par Freud ? La princesse tue en quelque sorte, non pas son père mais sa mère, laquelle meurt en prenant conscience de l'échec de son éducation, mais reste un *infans* (à entendre au sens de « qui ne parle pas »), obsédée par sa mère dont la parole reste un substitut rappelant l'interdit. Il est encore possible de lire *La Princesse de Clèves* comme une histoire passionnelle contre les tabous de la société, c'est d'ailleurs la lecture qu'en fait Christophe Honoré, dans *La Belle Personne*, la passion entre Junie et son professeur d'italien Nemours transgressant le rapport normal entre un professeur et son élève.

Bilan

Ainsi la lecture d'un roman est plurielle et participe à la création d'une œuvre inchoative.

La conclusion se fait en deux étapes:

- Réponse à la problématique en reprenant les enjeux majeurs de la dissertation
- Ouverture

Pour conclure, le roman narrant une « aventure misérable », et notamment celui de Madame de Lafayette, relève donc d'un genre abolissant les frontières génériques, se révélant être l'héritier du récit d'aventures autant que de la tragédie. La porosité des genres est propice à l'expression d'une réflexion sur la complexité de l'Homme, lequel peut être aussi bien tragique que misérable. Cette redéfinition permet de mieux appréhender la richesse d'une œuvre qui veut se rapprocher de la vérité des hommes, et le lecteur, en refermant le livre, peut qualifier *La Princesse de Clèves* de « *vrai roman* » tel que le définit Alain Robbe-Grillet dans *Pour un nouveau roman* (1963) : « *Le vrai roman, c'est celui dont la signification dépasse l'anecdote, la transcende vers une vérité humaine profonde, une morale et une métaphysique* ».

En vue de l'oral : proposition de deux explications linéaires sous la forme de plans détaillés

1. La scène du pavillon : « *Les palissades étaient fort hautes* […] *une rêverie que la passion seule peut donner.* » (tome IV)

Situation de l'extrait

Cadre spatio-temporel : cette scène se déroule la nuit, dans la forêt, lieu sinistre inquiétant (dans l'univers du conte) ; un cadre spatio-temporel qui reflète le désir de l'inconscient.

Un jeu complexe de regards : la princesse, contemplant un portrait de Nemours, est observée dans son intimité par le duc de Nemours, lui-même observé par un espion de M. de Clèves : chacun regarde l'autre sans savoir être espionné. L'absence de réciprocité des regards traduit l'impossibilité de la passion.

Problématique : Comment Mme de Lafayette, par l'onirisme présent dans cette scène, rend-elle compte de l'amour sincère mais interdit de la Princesse, qui ne vit sa passion que par procuration ?

I – Ambivalence de Nemours (du début jusqu'à « pour voir ce que faisait Madame de Clèves. »)

1. Nemours, héros épique ? (du début jusqu'à « *Monsieur de Nemours en vint à bout néanmoins* »)

- Multiplicité des obstacles, lexique de la difficulté et du danger.
- « *Palissades* » comme métaphore des remparts à la passion interdite.
- Pugnacité du héros qui parvient à surmonter les obstacles.

2. Un amant courtois ? (jusqu'à « *une émotion qu'il est aisé de se représenter* »)

- *Topos* de la scène de rencontre dans un univers nocturne (motif courtois, qu'on trouvait déjà dans *La Princesse de Montpensier*).
- Décor qui semble propice à l'éclosion du sentiment amoureux : « *jardin* », scène éclairée (et poétique, du fait du contraste entre les « *lumières* » et l'obscurité de la nuit), « *fenêtres* [...] *ouvertes* » comme métaphore d'une contemplation autorisée.
- Manifestations physiques de la passion : « *avec un trouble et une émotion* » : transport d'amour et d'admiration avant même de voir l'objet aimé.

3. Un voyeur (jusqu'à « *pour voir ce que faisait Madame de Clèves.* »)

- Intrusion et viol de l'intimité.
- Motif de la « *porte* » qui rappelle l'interdit.
- Rappel du statut de femme mariée de l'amante : « *Madame de Clèves* ».
- Voyeurisme coupable.

▶ Un héros qui a le courage du héros épique mais qui n'en reste pas moins un personnage intrusif, coupable. Ambivalence du personnage.

II – Une scène voluptueuse (jusqu'à « *corbeilles pleines de rubans* »)

1. Une vision proche d'une apparition (jusqu'à « *transport que lui donna cette vue* »)

- Passage à la focalisation interne.
- Mise en valeur de la beauté de la princesse (hyperboles)
- Les effets de la passion sur l'amant : gradation du transport amoureux à la vue de la dame.

2. Une scène langoureuse et sensuelle (jusqu'à « *corbeilles pleines de rubans* »)

- Sensualité, volupté, désir : chaleur, cheveux épars sur la gorge.
- Saison symbolique : l'été : point culminant de la passion.
- Posture alanguie de la princesse, « *sur un lit de repos* ».

▸ Une scène vue par le regard amoureux du duc ; un tableau poétique.

Dimension symbolique de la nuit, espace des fantasmes, du rêve interdit.

III – L'aveu muet de la Princesse (jusqu'à « *une rêverie que la passion seule peut donner* »)

1. Le langage des objets (jusqu'à « *pour avoir été à Monsieur de Nemours* »)

- **Les rubans** : langage secret entre le duc et la princesse
  - évocation du tournoi (statut chevaleresque de l'amant portant les couleurs de sa dame) ;
  - « *les mêmes couleurs* » : appel à la vigilance du lecteur : ces couleurs ne sont pas données, mais le lecteur se souvient qu'il s'agit du jaune et du noir, couleurs antithétiques, reflet de l'ambivalence de la passion (lumière, joie / obscurité, désir impossible) ;
- La canne des Indes : commentaire du narrateur omniscient qui permet au lecteur de suivre la trajectoire de cet objet (en même temps, mise en parallèle de deux scènes de vol : Nemours a dérobé un portrait de la princesse / la Princesse a dérobé la canne du duc).
- « *Elle en faisait des nœuds* » : métaphore des nœuds de la passion ?

▸ Des objets comme substituts de Nemours, dont la contemplation remplace celle, interdite, de l'être aimé.

2. Une extase onirique (jusqu'à « *une rêverie que la passion seule peut donner* »)

- La princesse, ne se sachant pas vue, se laisse aller aux manifestations physiques de la passion.
- Abandon du monde réel, pour atteindre une sorte d'extase onirique.
- Transparence entre le cœur et le visage (transparence interdite devant quiconque mais possible dans l'intimité) : la physionomie révèle l'intériorité de la princesse.

- « *Elle prit un flambeau* » : métaphore du désir ? de la flamme amoureuse ?
- Verbes d'action : « *elle prit* », « *s'en alla* » : la jeune femme est ici active
- Scène empreinte d'onirisme : la princesse vit sa passion à travers la rêverie
- Contemplation de l'être aimé grâce à un troisième substitut : le portrait (dans le « *tableau du siège de Metz* », rappelant le caractère épique du duc).

Conclusion

Un tableau dans un tableau :

- effet de zoom : forêt > pavillon > portrait de Nemours ;
- passage de l'extérieur > intérieur > intériorité de la princesse ;
- effet de surcadrage avec la fenêtre : la princesse devient un personnage en pleine lumière se détachant dans l'ombre.

Une scène onirique et mystérieuse : Mme de Lafayette laisse une part de mystère dans la personnalité de la princesse : nous ne saurons jamais le contenu de sa rêverie (désir ? regret ? projection dans l'avenir ? résolution ?)

2. L'excipit : « *Enfin Monsieur de Nemours* [...] exemples *de vertu inimitables.* »

Le rôle de l'excipit est de clôturer le récit (« *enfin* »... « *enfin* »... « *enfin* ») :

- soit un excipit fermé : tous les éléments sont résolus, le récit s'achève, ne laissant pas le lecteur imaginer la suite ;
- soit un excipit ouvert : le narrateur ne clôture pas complètement le roman, et laisse le lecteur envisager la suite.

Singularité de cet excipit :

- il est fermé dans le sens où Nemours disparaît progressivement et la princesse meurt symboliquement ;

- mais Madame de Lafayette finit son récit en nous donnant un exemple de vertu : le roman laisse place à la méditation, il a donc un rôle didactique.

Problématique : Comment, dans cet excipit, Madame de Lafayette clôture-t-elle son roman en lui donnant une fonction didactique ?

I – Une dernière tentative avortée (du début jusqu'à « *dans les mêmes dispositions où elle était* »)

1. Nemours, un homme persévérant (première phrase)

- L'insistance de Nemours allant rendre visite à la Princesse est signalée par l'adverbe « *enfin* » et le pronom personnel réfléchi « *lui-même* ».
- C'est toujours Nemours qui va vers la princesse de Clèves, et il trouve toujours des « *prétextes* » (cf. la lettre, la visite de condoléances).
- (Persévérance marquée plus loin par l'adverbe d'opposition « *néanmoins* » et « *il fit tout ce qu'il put* »).

2. *La princesse de Clèves*, personnage du refus (jusqu'à « *elle y avait renoncé pour jamais.* »)

- Manifestations physiques de la passion qu'éprouve la princesse (redondance des termes et adverbe « *extrêmement* » qui soulignent la permanence des sentiments).
- L'intermédiaire (anonyme) présent jusqu'à la fin : parole interposée, indirecte entre les deux héros du roman.

  La princesse de Clèves, fait tout son possible pour éviter un contact dangereux et ne délivre pas elle-même son message.
- Un aveu implicite, marqué par le lexique du danger : « *si elle ne s'exposait pas au péril de le voir et de détruire par sa présence des sentiments qu'elle devait conserver* ».
- Mais elle refuse cette passion en tentant de l'atténuer avec les mots (euphémisme « *le penchant qu'elle avait d'être à lui* »), et y renonce définitivement (« *elle y avait renoncé pour jamais* »).

- Sa décision est ferme, ce renoncement au monde est définitif : les sentiments sont toujours présents, mais la princesse de Clèves a choisi la vertu.

3. Le choix de la Vertu (jusqu'à « *dans les mêmes dispositions où elle était* »)

- Dilemme entre Passion et Vertu, qu'incarne le couple : la princesse de Clèves devient l'allégorie de la Vertu (tandis que Nemours devient celle de la Passion).
- « *elle ne pensait plus qu'à celles de l'autre vie* » : négation exceptive qui met en valeur le choix de la princesse.
- Lexique du religieux et du salut éternel.
- « *Il ne lui restait aucun sentiment que le désir de le voir* » : glissement sémantique : on est passé des sentiments amoureux aux sentiments amicaux ; la *Philia* prend la place de l'*Éros*.

▶ Les tentatives de Nemours sont vaines, face à la force de caractère de la princesse de Clèves, qui est une femme de devoir.

II – La fin de la passion (jusqu'à « *éteignirent sa passion* »)

1. Un couple tragique (jusqu'à « *conversation* »)

- Les sentiments qui agitent l'amant sont toujours extrêmes (hyperboles) ; la demande de Nemours semble vitale : imploration « *il la pria vingt fois* ».
- Mais l'intermédiaire reste présent jusqu'au bout : discours indirect.
- Intransigeance de la princesse et gradation dans son refus (« *non seulement* », « *mais même* ») : la vue et la parole deviennent des interdits.

2. La disparition de Nemours

- Disparition progressive : « *Nemours* » > « *ce prince* » > « *il* » > « *sa* » : le nom disparaît progressivement, on assiste à la sortie du héros, à sa disparition.
- Passion liée à la douleur, voire à la mort : évocation d'une douleur à laquelle il semble difficile de survivre.
- Obstination de Nemours.

- Mais une passion qui finit par s'éteindre : on assiste ici au déclin de la passion, usée par « *le temps et l'absence* ».

La fin de la passion, qui était un des ressorts de l'histoire, est annoncée en une modeste phrase : était-elle donc si extraordinaire ?

▶ Vision pessimiste de la passion qui finit par s'éteindre : la passion s'achève, donc le roman aussi.

III – Une fin édifiante (jusqu'à la fin)

La passion s'éteint, laissant place à la vertu, lui permettant d'exister enfin.

La fin s'achève sur la princesse de Clèves, elle seule.

1. Vision augustinienne : Amour charnel versus Amour spirituel :

- Saint Augustin, dans *La Cité de Dieu* (413-426), distingue deux types de cité, qu'il associe à un type d'amour :
  - l'amour de soi jusqu'au mépris de Dieu : c'est l'amour égoïste, de concupiscence, révélateur de la cité terrestre
  - l'amour de Dieu jusqu'au mépris de soi : c'est l'amour spirituel, l'amour désintéressé, représentatif de la Cité de Dieu.
- C'est ce deuxième type d'amour que choisit la princesse (champ lexical du divin, comparatif et superlatif de supériorité) : la vie de la princesse de Clèves n'est plus orientée par le devoir d'amour conjugal mais par Dieu.
- La princesse incarne alors l'amour de Dieu jusqu'au mépris de soi.

2. « *Sa vie, qui fut assez courte, laissa des exemples de vertu inimitables.* »

- Cette clausule révèle l'ascension morale de la princesse de Clèves, qui a su quitter le monde réel de la passion pour atteindre le monde surnaturel de la vertu.
- La princesse de Clèves a fait un choix, a toujours voulu s'y tenir malgré les tentations, et accède ainsi à un monde divin, un monde meilleur.

- Son désir d'être vertueuse trouve alors son absolu ici, et va de pair avec le repos de l'âme.
- Aucune précision quant à sa mort, annoncée de façon elliptique : « *sa vie fut assez courte* » : Madame de Lafayette, contrairement au début du roman où elle ancrait précisément son récit dans le temps, dans l'Histoire, laisse échapper l'histoire de l'Histoire. Elle nous donne un exemple de vertu qui peut, qui doit dépasser le temps.

► Madame de Lafayette finit son roman en nous offrant une méditation sur la vertu, et nous donne un exemple de vertu : la princesse de Clèves.

Conclusion

- La princesse de Clèves : une fable sur l'Amour et ses dangers. La passion de Nemours, aussi extrême soit-elle, disparaît dès qu'elle est séparée de son objet ; au contraire, la vertu de la princesse de Clèves perdure en changeant d'objet : c'est finalement vers Dieu que s'orientera sa vie.
- La vertu chrétienne est ainsi célébrée comme étant la plus grande des valeurs : dans cette perspective, le dénouement n'est pas malheureux, puisque la princesse a enfin trouvé la vertu.

Imprimé en Italie par «La Tipografica Varese Srl» Varese